Richard Blank · *Schauspielkunst*

Richard Blank

# SCHAUSPIELKUNST IN THEATER UND FILM

## Strasberg, Brecht, Stanislawski

ALEXANDER VERLAG BERLIN | KÖLN

Richard Blank im Alexander Verlag Berlin | Köln:

- Die Optimisten, 2003
- Film & Licht. Die Geschichte des Filmlichts ist die Geschichte des Films. 2009
- Drehbuch – Alles auf Anfang. Abschied von der klassischen Dramaturgie. 2011

Print-on-Demand-Ausgabe 2012
Zweite, korrigierte Auflage


Alexander Wewerka, Fredericiastr. 8, D-14050 Berlin
info@alexander-verlag.com
www.alexander-verlag.com

Druck: KN Digital Printforce GmbH,
Schockenriedstraße 37, 70565 Stuttgart
ISBN 978-3-89581-068-8

# INHALT

# MENSCHENBILD

Das staatliche Institut für öffentliche Hinrichtungen hat nette Beamte. Einer wird von Branko Samarovski gespielt. Er soll eine Zellentür öffnen, die Zelle betreten, sich zu einer Delinquentin setzen, mit der Frau reden und verständnisvoll auf ihre Probleme eingehen. FRIEDLICHE TAGE (1983), mein erster Kinofilm.

Ehe wir die Szene probieren, nimmt mich Branko beiseite. »Ich öffne also die Tür«, sagt er. »In welcher Stimmung bin ich? Geh es noch mal mit mir durch! Was denke, fühle ich, in welcher Verfassung drücke ich die Türklinke?«

Anderer Drehtag, ähnliche Szene. Dieses Mal betritt eine der Delinquentinnen die Zelle, Katharina Thalbach. Sie sagt: »Ich mach' mal.« Sie drückt die Klinke, betritt die Zelle, geht auf das Waschbecken zu, um ihr Gesicht zu waschen. Wir bemerken, daß sie ihre Jacke trägt, mit der sie sich nicht waschen würde. Sie muß die Jacke ablegen. Also ist es wohl besser, etwas zögernd den Raum zu betreten, um einen Platz für die Jacke auszumachen. Zögernd öffnet sie die Tür. Das scheint uns falsch. Reizvoller ist es, forsch hereinzukommen und erst in der Zelle zu zögern. Das erweckt den Eindruck von plötzlicher Befangenheit. Wie soll sie die Jacke ausziehen? Noch einmal forsch, quasi um sich Mut zu machen, oder zögernd?

Über die psychische Verfassung – befangen, forsch, zögernd – wird nicht theoretisiert. Alles klärt sich im Blick auf die äußeren Gegebenheiten, und wir entwickeln ein gemeinsames Gefühl für das, was im konkreten Fall richtig oder falsch ist.

Samarovski hätte den Raum nicht betreten, wenn ich es unterlassen hätte, vorher mit ihm die psychologischen Voraussetzungen noch einmal abzuklären. Die Thalbach würde das als unpraktikables Geschwätz verachtet haben. Ich aber, der Regisseur, flog von einem Extrem ins andere. Einmal ging es um die Psyche, dann um die äußeren Bedingungen.

Zuerst dachte ich, die unterschiedliche Methode, sich in eine Rolle zu finden, sei bestimmt durch Temperament, Talent, persönliche Konstitution. In Wahrheit befand ich mich im Spannungsfeld unterschiedlicher Berufsbilder. Ich merkte bald, wie die Vorbereitung auf eine Szene sich im Spiel niederschlägt.

Branko Samarovski kam es darauf an, gefühlsmäßig in seiner Rolle aufzugehen. Katharina Thalbach verfügte mehr über ihre Rolle, setzte die Gefühle ein, ohne sich darin zu verlieren.

Ein Zusammenspiel kann unter diesen Voraussetzungen schwierig sein, und der Regisseur muß verhindern, daß aus einem Dialog zwei Monologe werden.

Die beiden Schauspieler, die in FRIEDLICHE TAGE aufeinandertrafen, hatten unterschiedliche Ausbildungen. Die Techniken, in eine Rolle einzusteigen und mit ihr umzugehen, müssen bei einer Konzentration auf die Psyche wohl ganz andere sein, als wenn man sich auf das Material, auf die äußeren Umstände konzentriert.

Die Thalbach und Branko Samarovski waren sich während der Dreharbeiten nicht geheuer. Er sagte mir: »Sie redet mit dir über die Farbe des Kostüms und der Tischdecke, über die Art zu gehen, über Schuhe, Waschschüsseln – was geschieht denn da im Innern?« Katharina Thalbach, die aus der DDR kam, sagte mal: »Am verrücktesten sind hier [im Westen] die Leute vom Theater. Ehe die einen Schritt über die Bühne gehen und zwei Worte sagen, debattieren sie stunden-, ja tagelang über Background, Psyche, was weiß ich, anstatt mal was zu tun und zu sehen, was dabei herauskommt.«

Wo die Positionen derart aufeinanderstoßen, muß man annehmen, daß sich hinter den verschiedenen Techniken unterschiedliche Bilder vom Menschen verbergen.

Die Beziehung zwischen Technik und Menschenbild entwickelt sich beim Schauspieler auf ganz besondere Weise. Ein Handwerker hat das Objekt seiner Arbeit vor sich. Wenn ein Schreiner das Brett von rechts, der andere sein Brett von links hobelt, kommt das gleiche heraus. Im Zweifelsfall können sie das Produkt vergleichen, korrigieren.

Was die Schauspieler in ihrer Arbeit herstellen, ist kein Produkt, das sie wie ein Objekt vor sich haben. Sie selbst sind das Produkt. Es ist in der Technik angelegt und kann nicht beliebig korrigiert werden. Was sie zeigen und wie sie es zeigen, sagt etwas über ihre Auffassung vom Menschen. Das klingt banal: Der Schauspieler verkörpert ein bestimmtes Menschenbild seiner Zeit.

Das klingt so banal, daß man in Diskussionen über Kunst und Kultur die Schauspielerei meist ausspart. Man redet über Bilder, Bühnenbilder, Regiearbeit, Rollen, Architektur, Sinfonien, Choreographie, Literatur – da liegen Produkte vor, gehobelte Bretter. Der Schauspieler zeigt uns nichts außerhalb seiner selbst. Über seine Technik, die Art und Weise, wie er sich seine Rolle aneignet, erfahren wir gewöhnlich nichts.

Wenn man etwas über das Menschenbild, das der Schauspieler verkörpert, herausfinden will, wird man auf die Techniken zurückverwiesen, die in der Ausbildung gelehrt werden. In den einzelnen Schritten seiner Ausbildung nämlich wird der Schauspieler sich selbst zum Objekt.

Das Menschenbild, das sich im Blick auf die verschiedenen Techniken zeigt, hat einen besonderen Rahmen. Der Schauspieler stellt seine Rollen her, ist Künstler. Die unterschiedlichen Methoden der Schauspielkunst repräsentieren unterschiedliche Haltungen zur Kunst. Die Schauspielschulen verraten mehr über die Stellung des Künstlers in unserer Zeit, als wir aus den künstlerischen Produkten ablesen können. Der Mensch, der sich zum Objekt wird, wenn er lernt, Menschen darzustellen, übt bewußt oder unbewußt eine Haltung zu diesem Vorgang ein: Technik und Methode versetzen den Schauspieler vom Alltag in die Kunst, und in diesem Übergang läßt sich die Stellung des Künstlers in seiner Umgebung entschlüsseln.

Die Position der Kunst mag für viele eine akademische Frage sein, für den Akademiker mag sie eine Frage von Stil und Ästhetik sein, für den Schauspieler aber ist sein Leben betroffen. In seinem Beruf werden ästhetische und stilistische Fragen notgedrungen existentiell: Der Schauspieler wechselt ständig vom Alltag zur Kunst und zurück in seinen Alltag.

So wird er zum Seismographen für das Verhältnis zwischen der Kunst und unserer alltäglichen Realität.

## SCHAUSPIELER 1: LEBENSLAUF MIT BRUCHSTELLE

Wie, warum, weshalb wird einer Schauspieler?

In vielen Lebensläufen ist der Weg zum Beruf des Schauspielers markiert durch eine Bruchstelle. Der Blick auf einige Biographien macht ein bestimmtes Schema sichtbar.

Noch einmal Branko Samarovski:

Er kam mit seinen Eltern nach dem Zweiten Weltkrieg aus Jugoslawien nach Österreich. Sein Vater fand Arbeit in Salzburg. Die Familie wohnte im Kellerzimmer eines herrschaftlichen Hauses. Brankos Vater war Hilfsarbeiter. Er hatte eine feine Marotte: Zur Arbeit ging er in erlesenem Zwirn, trug einen vornehmen, alten Nadelstreifenanzug. Wenn Zahltag war, eröffnete ihm sein Anzug bisweilen den Zugang zu gewissen Etablissements der besseren Sorte. Der halbwüchsige Branko holte ihn schon mal da raus, wenn die Mutter ihn darum bat. Einmal geschah das am Heiligen Abend.

Branko war ein häßliches Kind. Mit seinen Augen war etwas nicht in Ordnung. Bis heute schielt er ganz extrem.

Aus dem Jungen sollte etwas Besseres werden. Er machte eine Schlosserlehre. Während dieser Zeit begann er, sich abzusetzen. Er schloß sich einer Laienspielgruppe an, die Volksstücke im Salzburger Dialekt aufführte. Diesen Dialekt beherrschte er perfekt neben seiner serbokroatischen Muttersprache. Das Hochdeutsche blieb ihm lange fremd.

Für Brankos Bemühungen, sich abzusetzen, gab es einen wichtigen Ort: das Klo. Im Fall der elterlichen Wohnung lag dieser Ort eine Etage höher, neben der Eingangspforte des Hauses. Dorthin zog sich Branko stundenlang zurück, um seine Rollen und letztlich die Stücke auswendig zu lernen, die von der Theatergruppe gespielt wurden.

Nach Ende der Schlosserlehre nahm er eine Stelle in einem

Eisenwarengeschäft an. Wegen seines wenig vorteilhaften Aussehens hielt man ihn von der Kundschaft fern und steckte ihn ins Lager, wo er mit einem Kumpan aus Polen die Zeit totschlug. Das heißt: Meistens zog er sich aufs Klo zurück und las Theaterstücke im Salzburger Dialekt.

So ging das jahrelang. Als er fünfundzwanzig war, rechnete ihm der Besitzer des Eisenwarengeschäfts seine Arbeitsstunden gegen die Klostunden auf und entließ ihn fristlos. Als seine Mutter fragte, was nun werden solle, sagte Branko: »Ich werde Schauspieler.« Die gute Mutter war einer Ohnmacht nahe. Als sie sich erholt hatte, fragte sie nach den Möglichkeiten, den Vorsatz zu realisieren. »Ich gehe aufs Mozarteum«, sagte Branko, und als die Mutter einwandte, er könne doch gar kein Hochdeutsch, beruhigte er sie: »Das wird schon.«

Manchmal geben sich Schauspielschulen den Anschein von Originalität: Branko wurde wahrhaftig angenommen. Er führte ein Hungerleben, weil in der Familienkasse sein bisheriges Einkommen fehlte. Er bestand schließlich die Abschlußprüfung des Mozarteums, wobei seine Lehrerin ihn wissen ließ, daß die Überreichung des Diploms eine Art Gnadenakt sei, vor allem wegen seiner mangelhaften Deutschkenntnisse.

Es folgten wochenlange Sitzungen auf dem Klo neben der Eingangspforte. Branko lernte sechzehn klassische Hauptrollen auswendig: Hamlet, Egmont, Faust und Mephisto, Macbeth, alles, was er für wichtig hielt, um die anschließende Tournee durchs Land erfolgreich abschließen zu können. Er sprach bei sämtlichen Theatern Österreichs vor. Kein Mensch wollte ihn haben. Ein junger Mann, der so jung nicht mehr war und fürchterlich schielte – was sollte man damit anfangen! Mehr aus Gnade nahm man ihn in Graz für kleinere Rollen.

Einmal erschien der Intendant aus Darmstadt zu einer Aufführung in Graz, bald darauf der Kollege aus Stuttgart. Zur Überraschung der Grazer Bühnenstars und zu ihrem Entsetzen interessierten sich beide für den unmöglichen Kollegen mit dem Schielblick.

Drei Jahre später im Stuttgarter Theater: Nach Peymanns Inszenierung von FAUST I erheben sich die Zuschauer von ihren Sitzen und feiern und beklatschen zwanzig Minuten lang den Mephisto Branko Samarovski.

Das Theater, die Kunst, wird zur schönen Gegenwelt des erbärmlichen Alltags. Nun ist in gewisser Weise der Alltag immer erbärmlich, und man muß die Bühne nicht unbedingt gegen die Salzburger Klos setzen, um in der Kunst eine bessere Welt zu sehen.

Beispiel zwei. 1986 lernte ich Rosel Zech kennen. Ich drehte mit ihr den Film HERZ MIT LÖFFEL. Ihre Geschichte geht so:

Rosels Vater war Binnenschiffer. Er hatte einen Kahn, mit dem er die Weser rauf- und runterfuhr. Das war eine glückliche Kindheit, mit Vater und Mutter allein auf dem Schiff.

Manchmal verschwand die Mutter abends. Wenn das Schiff angelegt hatte, machte sie sich fein, ging in den Ort, wo die Anlegestelle war, und kam erst spät in der Nacht zurück. Der Vater sagte dann zu seiner kleinen Tochter: »Jetzt ist sie wieder weg, mit ihrem Tick, und wir haben die ganze Zeit für uns allein.« Er spielte mit seiner Tochter und erzählte ihr Geschichten.

Als Rosel ins Schulalter kam, wollte sie wissen, was es mit dem Tick der Mutter auf sich hatte. Und die Mutter sagte ihr, sie gehe, wo immer das möglich sei, abends ins Kino. Sie erzählte ihr, wie da auf einer Leinwand Menschen sich bewegten und erfundene Geschichten erlebten. Rosel wollte mit, wollte sehen, was die Mutter ihr erzählt hatte. Der Vater aber überzeugte sie, daß es besser sei, bei ihm zu bleiben, als den Unsinn anzuschauen, der auf der Leinwand geboten werde. Lange ging das nicht gut. Eines Abends lief das Kind seiner Mutter nach. Der Vater blieb allein auf dem Kahn zurück, und Rosel saß mit ihrer Mutter im Kino.

Sie wuchs heran, und ihr wurde klar: Ich werde Schauspielerin. Ich werde auf den Leinwänden sein, für die es sich lohnt, den Vater und den Kahn zu verlassen. Erst lachte der Vater sie aus, dann riet er ab, besorgt, wütend. Als sie sechzehn oder siebzehn war, fuhr Rosel mit dem Zug nach Essen und bewarb sich für die Schauspielklasse an der Folkwangschule.

Sie wurde genommen. So begann ihre Karriere. Der Vater aber, so erzählte Rosel Zech halb lachend, halb weinend, hat von der Zeit an nie mehr ein Wort gesprochen, weder zu ihr noch zu der Mutter, noch zu irgendeinem anderen Menschen.

Die Kinoleinwand, ein magischer Ort, der einen aus dem normalen, alltäglichen Leben herauszieht und in den Bereich der Kunst versetzt. Der Traum vom anderen, besseren Leben. Die Bruchstelle, in der dieser Traum virulent wird, kann in sozial schwieriger Umgebung in der bloßen Vorstellung liegen, ein Star zu werden, um aus den miesen Verhältnissen auszubrechen.

Die grandiose, 1998 verstorbene Ortrud Beginnen, mit der ich DIE HEIRATSSCHWINDLERIN und DIE QUEEN VON PLATTE 8 drehte, erzählte von diesem Traum. Als junges Mädchen hatte sie keine Ahnung vom Theater, und sie hatte nie eines der Bücher gesehen, die Branko Samarovski mit aufs Klo nahm.

Sie lebte mit ihrer Mutter in einem Hamburger Sozialwohnungsviertel. Die Mutter war krank. Sie hielt sich für einen Sproß der Habsburger Kaiserfamilie. Daneben vermochte sich die unscheinbare, spindeldürre Tochter kaum zu behaupten. Die Wohnverhältnisse waren jämmerlich. Einmal kam Ortrud nach Hause und konnte die Tür nicht öffnen. Der Schlüssel paßte nicht. Erst nach etlichen Versuchen merkte sie, daß sie im falschen Haus war. Die Häuser sahen alle gleich aus und die Wohnungstüren auch.

Solche Umstände kann man heil überleben mit einer fixen Idee. Das Habsburgersyndrom der Mutter schien Ortrud unzureichend.

Sie träumte von etwas, was sich in der Zukunft realisieren ließ: Einmal, das war ihr Mädchentraum, einmal wollte sie als Filmstar in einem offenen Cadillac durch dieses Viertel fahren und, im Auto stehend, den Leuten zuwinken, die die Straßen säumten und sie umjubelten.

Der Bruch mit dem vorgegebenen alltäglichen Leben kennzeichnet diese drei Lebensläufe. Der Schauspielberuf, die Kunst versprechen den Weg in eine andere, bessere, schönere Existenz.

Die extreme Reaktion von Rosel Zechs Vater zeigt: Der Bruch ist prinzipiell. Mit seinem furchtbaren, leidvollen Schweigen weigert er sich, die Bruchstelle im Lebenslauf seiner Tochter auch nur mit einem Wort zu heilen, zu überbrücken.

Nun verlaufen keineswegs alle Schauspielerbiographien nach diesem Schema. Der Werdegang der eingangs erwähnten Katharina Thalbach etwa hat damit wenig zu tun. Ihre Mutter war Schauspielerin, und so gehörte die Schauspielerei für die Tochter zum ganz normalen Alltag.

Der Bruch aber kennzeichnet große Teile unseres westlichen bürgerlichen Kulturlebens: Die Kunst ist etwas Besonderes. Wir gehen ins Museum, ins Konzert, ins Theater und lassen dabei für eine besondere Zeit den Alltag hinter uns.

Es gibt eine Ausbildung für Schauspieler, die den Bruch zwischen Kunst und Alltag kultiviert und zur Grundlage des Unterrichts macht. Das ist die »Methode« von Lee Strasberg. Sie hat seit den fünfziger Jahren die Ausbildung der Schauspieler in der westlichen Welt dominiert.

## LEE STRASBERG

Das New Yorker Actor's Studio wurde 1947 von Elia Kazan und anderen gegründet. Lee Strasberg stieß später als Lehrer hinzu und wurde sein Leiter. Zunächst als Ort des Austauschs und der Arbeit für wenige Stars gedacht (Marlon Brando, Katharine Hepburn, James Dean, u. a.), entwickelte es sich mehr und mehr zu einer offenen Ausbildungsstätte und erlangte schließlich Weltruf.

Strasbergs »method« beherrscht bis heute, zumindest im Westen, die Ausbildung zum Schauspieler. In ungezählten Lehrgängen wird, gerade in Europa, das Erbe Strasbergs gepflegt. Sein Erfolg erklärt sich nicht zuletzt dadurch, daß er einen Teil der komplizierten Theorien Stanislawskis auf einen einfachen Nenner brachte und dadurch für die Schauspieler praktikabel machte. Strasberg selbst beruft sich immer wieder auf Stanislawski. Irritationen werden erst Anfang der siebziger Jahre spürbar, vor allem im Hinblick auf das ›Spätwerk‹[1] Stanislawskis. Immer gilt er Strasberg als »Eckpfeiler der modernen Methode«[2].

Strasbergs »Methode« besteht aus wenigen Elementen: In der ersten Stufe der Arbeit gilt es, durch Entspannung und Konzentration die Person für die Übungen, das Training, zu öffnen. Das ist die Schwelle, über die der Schauspieler von seinem Alltag in den Bereich der künstlerischen Arbeit tritt. Die äußeren Dinge des alltäglichen Lebens werden zurückgelassen in der Konzentration auf das Innere, das bei der Bühnenarbeit ins Zentrum rückt.

Anders als im »wirklichen Leben« ist man hier auf »imaginäre Reize« angewiesen, die die Gefühle, Handlungen, Bewegungen des Schauspielers motivieren.[3] Im normalen Leben läuft das quasi automatisch ab. Man reagiert unmittelbar auf die einwirkenden Reize.

Die auf der Bühne entwickelte Existenz soll dem realen Leben in nichts nachstehen. In seinen Übungen, seinem »Training«, soll der Schauspieler es dazu bringen, »daß diese [...] imaginären Reize [...] ebenso wirklich erscheinen wie im Leben«. Nur dann können sie die »sensorische, emotionale oder motorische Reaktion [...] auslösen«, die er für die Gestaltung seiner Rolle braucht.[4]

Wie entstehen die »imaginären Reize«, und wie werden sie für den Schauspieler fruchtbar? Die »wesentlichen Probleme beim Spielen« liegen in der Frage: Was und auf welche Weise »fühlt der Schauspieler«?[5]

Es geht also um Gefühl, um das Imaginäre, das heißt um das ›Innere‹.

Die ›innere Arbeit‹ Strasbergs fußt auf einem Teilbereich der Theorien Stanislawskis, die er durch tiefenpsychologische Erkenntnisse ergänzt. Die Begriffe, die Strasberg verwendet, hat er teils von Stanislawski übernommen, teils geändert und mehrmals revidiert. Deshalb immer wieder ein Blick auf die Terminologie, was reichlich abstrakt erscheint, aber späterer Verwirrung vorbaut. Die »imaginären Reize«, die die Arbeit des Schauspielers anstoßen sollen, werden ausgelöst durch Gedächtnisinhalte. Im quasi neutralen Raum der Bühne hat sich der Schauspieler zu erinnern an Elemente, die er im Gedächtnis bewahrt hat, die vorliegen, also dem alltäglichen, ›wirklichen‹ Leben entstammen.

Der wichtigste Begriff in diesem Zusammenhang ist das »affektive Gedächtnis«[6]. Stanislawski hat diesen Begriff von dem französischen Psychologen Theodule Ribot[7] übernommen. Es handelt sich dabei um den »Teil des menschlichen Gedächtnisses [...], in welchem Gefühlserinnerungen als Rückstände zurückliegender Ereignisse [...] gespeichert werden und die durch zufällige Auslöser [...] wachgerufen und durchlebt werden können«[8]. Der Mensch hat also die Fähigkeit, sich an Gefühle zu erinnern. Die Frage ist, wie das vor sich geht und wie sich der Schauspieler diesen Vorgang nutzbar machen kann.

Stanislawski verwendet für die Technik des Erinnerns an Gefühle den Begriff »emotionales Gedächtnis«. Er meint damit die Fähigkeit, sich unmittelbar an Gefühle zu erinnern. Daneben sieht er eine andere Form, vergangene Gefühle wieder wachzurufen: das »Gedächtnis der Sinnesorgane«. Die Unterscheidung zwischen diesen beiden Möglichkeiten ist ihm wichtig: Vom »Gedächtnis der Sinnesorgane hervorgerufene [...] wiederentstehende Empfindungen [...] stehen für sich«.[9]

Anders als Stanislawski gebraucht Strasberg vor allem den Ribotschen Begriff des »affektiven Gedächtnisses« und führt einen neuen Begriff ein, das »Erfahrungsgedächtnis« (*sense memory* bzw. *memory of experience*), das auf zweierlei Art arbeitet: durch die »affektive Erinnerung« und die »sensorische Erinnerung«[10]. »Affektiv« wird bisweilen ersetzt durch »emotional«[11].

Zu beachten ist, daß das englische *memory* zugleich »Gedächtnis« und »Erinnerung« bedeutet. Wie aktiviert nun der Schauspieler seine Fähigkeit, sich an vergangene Gefühle zu erinnern? Strasberg sieht zwei Möglichkeiten. Erstens: Auf der Suche nach einem Gefühl assoziiert man ein vergangenes Ereignis, etwa ›Rauch in der Luft‹. Was liegt da in meinem Gedächtnis vor? Wie sah das aus, wie roch das? usw. Die Vorstellungen, Bilder, die in der Erinnerung vergegenwärtigt werden, lösen das entsprechende Gefühl erneut aus. In Verbindung mit dem erinnerten Bild des Rauchs läßt sich dieses Gefühl wachrufen und wiederholen. Diese Erinnerungstechnik arbeitet mit Erfahrungen aus dem natürlichen Leben.

Zweitens: Man nutzt die Erinnerungsfähigkeit, indem man, losgelöst vom natürlichen Leben, im Training experimentiert. Es werden Übungen mit Gegenständen gemacht, und dieser Vorgang wird später ohne die Gegenstände wiederholt. Also: Ein Schauspieler zieht in einer bestimmten Gefühlslage Schuhe und Strümpfe an. Später wiederholt er diesen Vorgang ohne die Gegenstände und erinnert sich dabei an das vergangene Gefühl.

Strasberg nennt das »sensorische Erinnerung«. Er legt Wert auf die schon von Ribot betonte Einheit von »Gefühlserinnerung« und dem »zurückliegenden Ereignis«.

Mehrmals verweist er dabei auf Proust, in dessen Werk AUF DER SUCHE NACH DER VERLORENEN ZEIT das affektive Gedächtnis so funktioniert, wie Ribot es beschrieben hat: Der Protagonist Swann erinnert sich an Gefühle, indem er sich an Gerüche, Geschmecktes, Bewegungen aus der Vergangenheit erinnert.

Eindringlich mahnt Strasberg den Schauspieler, nicht auf direktem Weg nach Gefühlen im Gedächtnis zu suchen: »Man beginnt nicht damit, ein Gefühl zu erinnern, man beginnt damit, daß man den Ort erinnert, den Geschmack von etwas [...].«[12]

Mittels sensorischer Übungen holt sich der Schauspieler die Anstöße, ein für die Rolle erforderliches Gefühl zu evozieren. Dabei mischen sich die im Trainingsraum hergestellten mit früher erlebten Ereignissen. Man beginnt mit ganz einfachen Übungen: »[...] Haare zu kämmen, eine Tasse und Untertasse in die Hand zu nehmen.«[13] Es ist wichtig, die Umstände zu beachten und zu variieren: Wie alt ist die Person, die sich die Haare kämmt? Wo tut sie das? Tut sie es allein, oder wird sie dabei beobachtet?

Die hergestellte Erinnerung läßt sich kombinieren mit der Erinnerung an früher Erlebtes, indem man sich einen bestimmten Geruch, ein Musikstück, ein Geräusch ins Gedächtnis ruft. Man soll dann versuchen, das Haarekämmen unter diesen Begleitumständen zu trainieren.

Alles vollzieht sich im Innern des Schauspielers. Äußere Objekte spielen keine Rolle. Das Evozieren imaginärer »Reaktionsimpulse« geschieht zum »höheren Zweck, die Kreativität des Schauspielers zu wecken«[14].

Durch dieses Training lernt der Schauspieler, unterschiedlichste Gefühle abzurufen und mit ihnen nach Belieben zu verfahren.

Bis zu dieser Stufe unterscheidet sich Strasberg von Stanislawski lediglich im Bemühen, die komplexe Arbeit des Russen in ein möglichst einfaches, praktikables System zu bringen.

Mit der nächsten Stufe, dem »private memory«, kündigt sich Strasbergs originäre Variante an. Für die Gestaltung der Rolle fordert er ein Tiefergehen ins Innere der Person und bringt Psychoanalytisches ins Spiel.

Er schlägt vor, das »private memory« mit der Erinnerung an ein kleines Ereignis aus dem persönlichen Leben zu beginnen, in dem man einen Bezug zur Rolle vermutet. Bedingung ist: Das Ereignis soll »ungewöhnlich genug [sein], um [...] beeindruckt zu haben«[15]. Wenn bei der Wiederentdeckung eines solchen Ereignisses die besprochene Technik des Erinnerns angewendet wird, ist die ganze Person des Schauspielers gefordert. Sein Privatleben wird in den künstlerischen Zusammenhang einbezogen.

Wie bei allen Erinnerungstechniken ist es auch beim »private memory« wichtig, nicht von der Erinnerung an ein Gefühl auszugehen, sondern durch die Vergegenwärtigung von Raum, Gegenständen, Geruch, Geräusch usw. das Gefühl, die Emotion wie von selbst entstehen zu lassen.

In einem seiner späten Aufsätze hat Strasberg dafür ein schönes Bild gefunden: »Im affektiven Gedächtnis vereinigen sich Emotion und sinnliche Wahrnehmung [...]. Durch die Sinne empfinden wir. Damit eine Empfindung zur Emotion werden kann, muß sie eine gewisse Intensität erreichen. Quantität schlägt also in eine Veränderung der Qualität um. Vergleichbar mit Wasser, das man immer mehr erhitzt [...] und das dann zu Dampf wird. Darin liegt der Unterschied zwischen Empfindung und Emotion.«[16]

Die Übungen im »private memory« folgen einer Entwicklung, in der sich das reine Gefühl erst nach und nach einstellt. Wenn man sich in das Ereignis zurückversetzt und es nachagiert, kann man zu Beginn die Sprache zu Hilfe nehmen. An den Worten können

Außenstehende überprüfen, ob die Schüler »die Übung auch richtig ausführen«[17]. Die Sprache soll dann mehr und mehr zurückgenommen werden.

Es folgt eine Phase der stummen Aktion, in der Agieren und Gefühl mehr und mehr zu einer Einheit gebracht werden. Erst wenn diese Einheit erreicht ist, kann man sich dem vorgegebenen Bühnentext zuwenden, der das »private memory« evoziert hat. Man kann jetzt »einige Zeilen Dialog«[18] aussuchen und den Text sprechen, ohne die erworbene »Empfindungs-Erfahrung«[19] aufzugeben. Auf diese Weise »lernt der Schauspieler Schritt für Schritt, seine eigene Erfahrung in Szenen einzubringen und den Stellen zu unterlegen, wo er [...] starke Gefühle ausdrücken soll«[20].

Strasberg empfiehlt, den einmal eingeschlagenen Weg in das private Leben auszudehnen, zu vertiefen. Was gewöhnlich der Psychoanalyse vorbehalten ist, erweitert den Arbeitsprozeß des Schülers: Strasberg ermuntert den Schauspieler, seine emotionale Erinnerung zu schulen durch die Erinnerung an frühe Kindheitserlebnisse. Er ist überzeugt, daß der Schauspieler durch die Arbeit mit privaten Erinnerungen und die Rückbesinnung auf prägende Kindheitserlebnisse schließlich befähigt wird, »nahezu jegliches Gefühl wiederzugeben, wenn er es sich selbst befiehlt«[21].

Ein gut Teil der geradezu charismatischen Faszination, die Strasberg auf seine Schüler ausübt, liegt in seiner Methode, das künstlerische Training eng mit der individuellen inneren Erlebniswelt des Schauspielers zu verknüpfen. Er gibt seinen Schülern den Glauben, aus dem Inneren, aus den persönlichen inneren Erfahrungen, das Äußere neu zu schaffen, wenn sie nur die »Phantasie, das Unbewußte und das Unterbewußte« als »das stärkste Mittel der künstlerischen Arbeit«[22] benutzen.

Das Innere ist geradezu omnipotent. Selbst für historische Darstellungen wird dem Schüler Mut gemacht, sich so in die vergangene Epoche einzufühlen, daß er »eine Art Leben nacherschaffen kann«[23].

Strasbergs »Methode« führt ausschließlich von innen nach außen, von durch Erinnerung evoziertem Gefühl zur sichtbaren Darstellung. »Das Wissen von den äußeren Ereignissen ist weniger wichtig als die Vision des Verhaltens [...].«[24] Die Ereignisse in ihrer äußeren Erscheinung werden aus dem Inneren mit Sinn erfüllt und werden dadurch erst eigentlich existent.

Wie eingangs erwähnt, liegt »das Wesentliche« in der Frage: »Was fühlt der Schauspieler.«[25] Beim »Fühlen« kommt es nicht nur auf die Echtheit an, sondern auf die Fähigkeit, dieses Fühlen zu wiederholen. Dabei wird alles, was außen liegt, alles Materielle, durch das Innere bestimmt. Die Fähigkeit, zu wiederholen, das Spiel konstant zu machen, ist im Inneren begründet. Grundvoraussetzung für den Schauspielerberuf ist nämlich die Gabe der Inspiration, und die »Inspiration liegt im Innersten des Schauspielers«[26].

Äußeres, zum Beispiel Stimme, Sprache, Bewegung, ist zwar »Bestandteil des Schauspieler-Handwerks«, aber es bildet »nicht das Grundvermögen, aus dem heraus der Schauspieler spielt«[27]. Körperliche Übungen sind im Bereich von »Entspannung« und »Konzentration«[28] zu sehen und spielen eine untergeordnete Rolle. Das Physische, Materielle, die äußere Welt sind sekundär.

So entsteht ein geschlossener Kosmos mit dem Inneren des Schauspielers als Zentrum, das bestimmt ist von Gefühl und Inspiration.

Diesen Kosmos, den Strasberg dem einzelnen Schauspieler zu vermitteln sucht, reklamiert er für sein ganzes System, seine »Methode«. Die Anführungszeichen, die er gewöhnlich um das Wort »method« setzt, schließen es ab gegen andere Methoden, andere Systeme. Immer wieder sieht er sich genötigt, seine Methode, die er häufig auch »the method«, »die Methode«, nennt, gegen Einflüsse abzusichern, vor allem wenn der Vorrang des Inneren bedroht ist.

Als er entdeckt, daß sein Vorbild Stanislawski in seinem ›Spätwerk‹[29] vom Primat des Inneren scheinbar umpolt auf äußere, materielle Gegebenheiten, dem Schauspieler etwa vorschlägt, Gefühle, Emotionen durch äußere Handlungen hervorzurufen, wendet er sich von seinem alten Vorbild ab. Er nimmt die neue »physische Methode« kritisch zur Kenntnis und schiebt sie zur Seite: Der alte »Stanislawski [ist] der Ansicht, daß, wenn eine Sache nach den ›gegebenen Umständen‹ gespielt wird [...], das Gefühl entstehen sollte. Aber unglücklicherweise ist das nicht immer der Fall. [...] Tatsache ist aber, daß die affektive Erinnerung funktioniert [...]«[30]. Zugleich scheut er sich, das Vorbild für sein gesamtes System zu demontieren, und stellt fest, daß seine eigene Methode nicht nur eine »Weitergabe«, sondern auch eine »Weiterentwicklung« von Stanislawski sei.[31] Im Grunde, so weiß er kurz und bündig, ist Stanislawski »in jedem Stil« anzuwenden[32].

Wo er Unsicherheiten in der Geschlossenheit seiner Methode vermutet, bedient er sich der Möglichkeit, quasi wissenschaftlich vorzugehen, und greift nach rationalen Modellen. Den tiefenpsychologischen Ansatz in der Erinnerung des Schauspielers an frühkindliche Erlebnisse schützt er vor den Unsicherheiten der Psychoanalyse: »Das Emotionale hat nichts mit Freud zu tun [...]. Theoretisch und auch tatsächlich hat es nur mit Pawlow zu tun.«[33] Pawlows mechanistische Lehre von den Reflexen (berühmtes Beispiel: Der Hund bekommt Hunger, zeigt Speichelfluß, die Glocke läutet, er wird gefüttert; nach einigen Wiederholungen zeigt er, ohne Hunger zu haben, Speichelfluß, sobald die Glocke läutet) dient Strasberg dazu, das Erinnern insgesamt gegen die Imponderabilien der Psyche abzugrenzen. Für ihn ist dieser Vorgang »ein ganz eindeutig technischer Prozeß«[34].

Rationalität und Wissenschaftlichkeit sichern seinen Kosmos ab als objektives System.

Auch die Geschichte der Schauspielkunst nimmt er dafür in Anspruch, denn er geht davon aus, daß »Schauspielen [...] eine objektive Geschichte«[35] hat. Seine Methode ist für ihn die Erfüllung einer Entwicklung, die – historisch nachweisbar – konsequent auf Stanislawski und ihn selbst zuläuft. In zwei Aufsätzen (»Schauspielen« [1974] und »Schauspielen und das Training des Schauspielers« [1941]) gibt er einen Abriß der Geschichte der Schauspielkunst.[36] Die durchmißt er mit kurzen, unkomplizierten Schritten von den Griechen über Shakespeare, Molière, den Schauspieler David Garrick u. a. und kommt dann schnell zu Stanislawski, dem Vater der eigenen »Methode«.

In beiden Aufsätzen geht ihm der historische Abriß sehr schnell, in wenigen Seiten, von der Hand. Sein undifferenziertes Vorgehen ist Zeichen des Bemühens, sein System unangreifbar zu machen, seinen Kosmos abzudichten. So werden alle historischen Fakten zu Stufen einer fortschreitenden Entwicklung Richtung Strasberg. Molière etwa ist »der [...] große Schritt nach vorn in der Geschichte der Schauspielkunst«[37], und »der nächste große Schritt [...] wurde [...] von Garrick getan«[38]. Von Aufsatz zu Aufsatz werden diese Schritte leicht variiert, enden aber in jedem Fall beim eigenen System als Vollendung.

Stets betont Strasberg den Vorrang seiner »Methode«. Wo er Konkurrenz vermutet, schottet er sich gegen sie ab oder vereinnahmt sie. So erwähnt er kurz das Körpertheater des Polen Jerzy Grotowski (1933–1999) und die Theorien Antonin Artauds (1896–1948) zum Theater der Grausamkeit. Dann stellt er lakonisch fest, daß Artaud »das Theater nicht als psychologisches Terrain«[39] betrachtet. Auf ähnliche Weise distanziert er sich von Grotowski, erinnert daran, daß dessen Schauspieler »zu wenig [...] Gefühle übermitteln«.[40] Brecht reklamiert er für die eigene »Methode«: »Das Beste an seiner [Brechts] Theaterarbeit [...] geht auf Stanislawski zurück, und vielleicht hat er dabei sogar die Techniken der Methode eingesetzt.«[41]

Häufig ist das, was er über andere sagt, objektiv falsch. Ihm kann es gar nicht darum gehen, sich wirklich mit anderen auseinanderzusetzen. Die oft unglückliche Verbindung von Unwissenheit und Eitelkeit wird verstehbar, wenn man darin die geradezu rührende Anstrengung sieht, sich gegen alles abzuschotten, was sein System in Frage stellen könnte. Fast ängstlich betont er: »Die fundamentalen Vorgänge [...] des Schauspielens bleiben dieselben, egal wie bizarr der dramatische Kontext auch sein mag.«[42]

Es gehört zum Wesen seines Systems als Vollendung der Geschichte der Schauspielkunst, keine Alternative zu dulden. Das geht so weit, daß er sein Urteil auf Bereiche ausdehnt, die außerhalb unserer kulturellen Tradition liegen: »Tatsache ist [...], daß dieses orientalische Theater sich heute hilfesuchend bei unserem abendländischen Theater umsieht, ohne das es zu einer angemessenen Darstellung des eigenen [...] Lebens gar nicht finden könnte.«[43] Diese ignorante, kindhafte Hybris hat einen ernstzunehmenden Kern: Strasbergs »Methode« hat einen Ganzheitsanspruch, der in ihr selbst angelegt ist. Sein System, die »Methode«, ist sein Kosmos. Seine Welt ist die ganze Welt.

Damit zum Menschenbild, das heißt bei Strasberg: zum Bild des Künstlers.

## MENSCHENBILD, 19. JAHRHUNDERT

Eingangs wurde behauptet, man könne etwas über das Menschenbild, das Bild des Künstlers erfahren, wenn man darauf achte, wie beim Einüben der Techniken, die zur Rolle führen, im Übergang vom Alltag zur Kunst also, der Schauspieler sich selbst zum Objekt wird. Dieser Übergang ist zunächst einmal eine banale Tatsache: Der Schauspieler verläßt seine alltägliche Umgebung, betritt den Übungsraum, das Theater, wechselt vielleicht die Kleider und beginnt sich mit seiner Rolle zu beschäftigen.

In vielen Schauspielschulen ist das Verhältnis zwischen Alltag und Bühne ein wichtiges, offenes Thema. Nicht so bei Strasberg. Dabei hat sein Vorbild Stanislawski sich ein Leben lang damit beschäftigt. Immer wieder hat er durch Fragen und Nachfragen während der Übungen das Verhältnis zwischen Darsteller und darzustellender Person mit seinen Schülern besprochen, problematisiert. Strasberg wirft ihm das indirekt vor, moniert, daß Stanislawski diesen Fragenkomplex für seine Schüler immer neu geöffnet, keine Entscheidungen getroffen habe: Stanislawski, so sagt er, »beging häufig den [...] Fehler, die Rolle dem Schauspieler anzupassen«[1]. Strasberg kann das gar nicht verstehen. Die Lage ist für ihn einfach: Zwischen Schauspieler und Rolle gibt es keine Trennung. Die Rolle entsteht durch die inneren Fähigkeiten des Schauspielers. Will man zum Beispiel die Lady Macbeth darstellen, so hat man sich nur zu fragen: »Was müßte mir zustoßen, damit ich würde wie Lady Macbeth?«[2]

Der Schauspieler muß also werden wie Lady Macbeth, und auf der Suche nach dem, was ihn dazu bringt, wird er auf das zurückgreifen, was in ihm ist, woran er sich zu erinnern und was er sich vorzustellen vermag. Die Idee, »die Rolle dem Schauspieler anzupassen«, ist unter dieser Prämisse völlig unsinnig. Der Schauspieler soll und kann ja werden »wie Lady Macbeth«. In ihm selbst findet der »grundsätzliche kreative Prozeß«[3] statt.

»Einmal [...] kam ein ausländischer Beobachter zu uns [...] und sagte [...]: ›Wenn Sie wirklich an Macbeth arbeiten wollen, empfehle ich Ihnen einige Bücher zur Lektüre.‹« Voll Unverständnis und mit Verachtung antwortet ihm Strasberg: »Diese Bücher hätten Sie Shakespeare schicken sollen; bestimmt hätten sie ihm wahnsinnig geholfen.«[4] Dem Schüler Strasbergs vermögen sie nicht zu helfen, solange er der Maxime folgt, daß die Rolle allein aus seinem Inneren entsteht. Nichts tritt zwischen den Künstler und seine Rolle. Die Trennung zwischen Darsteller und Rolle ist aufgehoben im Prozeß der künstlerischen Arbeit. In welchem Verhältnis aber stehen Alltagsrealität und Kunst?

Strasberg interessiert nur die künstlerische Existenz, das heißt, der Schauspieler kommt nur in seiner Kunst zu sich selbst, wird durch seine künstlerische Arbeit erst eigentlich existent. Alltag, Wirklichkeit außerhalb der Kunst werden qualitativ abgewertet: »Konventionelle Wirklichkeit ist [auf der Bühne] sinnlos. [...] Sie will wirkungsvoll sein, doch dabei kommt nichts heraus, was über die bloße Wirklichkeit hinausginge.«[5] »Die Arbeit an der Rolle trägt dazu bei, eine Realität zu erschaffen.«[6] Der Künstler, das schöpferische Genie! Sein Kosmos tritt der alltäglichen Welt gegenüber, indem er sie als »bloße Wirklichkeit« hinter sich läßt. Das alltägliche Leben dient während der *memory*-Übungen lediglich als Lieferant für das ›eigentliche Dasein‹, das im künstlerischen Prozeß stattfindet. Das Genie schafft die Welt neu, der Schauspieler erfüllt sein Leben, abgesetzt vom Alltag, in der Kunst. Die Rolle, die er spielt, bietet die »wirkliche Verkörperung der Figur, ungebrochen in ihrem pulsierenden Leben«[7].

Unter solchen Voraussetzungen wird das Menschenbild nur sichtbar im Rahmen der Kunst, als Bild des Künstlers also. Der Künstler ist der ›wahre‹, der überlegene Mensch, ›wirklich‹, ›ungebrochen‹, jenseits der »konventionellen«, der »bloßen Wirklichkeit«. Sein Kosmos ist hermetisch abgeschlossen gegen die Praxis des alltäglichen Lebens. Er ist exklusiv.

Strasberg leistet sich eine Rarität. Sein Menschenbild kommt heute in den Debatten über Kunst und Theater kaum noch vor. Gerade im Blick auf den Schauspieler wird im Verhältnis zwischen Darsteller und dargestellter Person die Relation zwischen alltäglicher Wirklichkeit und der Wirklichkeit der Kunst seit geraumer Zeit in einer ganz anderen Richtung diskutiert. Stanislawski wurde bereits erwähnt, Brecht kann als Beispiel dienen, eindeutig wird die Lage bei den Vertretern des politischen Theaters. Erwin Piscator ist ein besonders deutliches Beispiel für die Öffnung zur Alltagsrealität: »Die Entromantisierung der Kunst hat der Romantik des Alltags den Weg bereitet, und dieser Weg führt von der ›reinen Kunst‹ [...] oder psychologischer Geheimniskrämerei zur unerbittlich wahren Schilderung der aufregenden Mysterien der Gefängnisse, der Fabrik, des Kontors, der Maschinen.«[8] Die Extreme des dezidiert politischen Theaters sind Zeichen für die veränderte Diskussion im 20. Jahrhundert. Mit seinem hermetischen Kunstkosmos und der zentralen Stellung des schöpferischen Genies ist Strasberg Vertreter einer überkommenen Kunstideologie, in der unter dem Primat des Inneren der Künstler gegen die ›Veräußerlichungen‹ der Alltagsrealität antritt. Das Äußere wertet er ab als »bloße Wirklichkeit«. Kunst und Künstler existieren in ihrer eigenen, exquisiten Welt.

Ein weitverbreiteter Irrtum ist die Annahme, Strasberg vermittle nur eine pragmatische Methode. Mit Verweisen auf Pawlow oder dem Abriß einer angeblich systematisch verlaufenden Geschichte der Schauspielkunst gibt er sich gern als wissenschaftlicher Pragmatiker. Im Grunde aber ist seine »Methode« inhaltsschwer und befriedigt die Sehnsüchte nach einem geschlossenen Weltbild. Es ist das Weltbild des 19. Jahrhunderts. Bei H. G. Lewes (1817-1875) entleiht Strasberg sein Lieblingszitat: »Der größte Künstler ist derjenige, welcher in den höchsten Gefilden seiner Kunst am größten ist.«[9] »Künstler«, »größte«, »höchste« – Vollendung ist angesagt. Der Darsteller Strasbergs vertritt eine Kunstauffassung, in der die alltägliche Praxis mit ihren Widersprüchen abgemeldet ist. Der Weg von ›innen‹ nach ›außen‹ liest sich wie ein Kommentar zum bürgerlichen Geniekult, der als ein Relikt des 19. Jahrhunderts das Bild vom inspirierten Individuum wachzuhalten versucht, dem man in der Kunst begegnet und dessen Bühnenexponate man bei sonntäglichen Kunstferien im Theater besichtigen darf.

Dem Schauspieler, der ganz aus dem Inneren agiert, gelingt es, die Distanz zwischen seinem Spiel und dem Zuschauer aufzuheben. Er bietet die Möglichkeit, sich mit der dargestellten Person und dem Geschehen auf der Bühne zu identifizieren, und lädt den Zuschauer ein, die Differenzen zwischen Kunst und Alltag zu vergessen. Die Bühne vermittelt die Illusion von Wirklichkeit.

Strasberg sieht das perfekte Illusionstheater als Ziel der Geschichte der Schauspielkunst. Immer, so weiß er, versucht der Schauspieler »die Illusion einer wirklichen Person darzustellen«[10]. Wo das künstlerische Genie die Trennung zwischen Kunst und Alltag in der Illusion des Theaters aufhebt, wird der Darsteller erst eigentlich existent, sein Spiel wird Realität: »Eine gespielte Szene muß so wirken [...], als wäre sie [die Schauspielerin] überhaupt keine Schauspielerin.«[11] Der Darsteller erweckt im Zuschauer die Illusion, daß die Kunst etwas Wirkliches sei und nicht etwas Hergestelltes. Im Kunstgenuß hat der Zuschauer die Illusion einer vollendeten Realität.

Fragt man heute einen x-beliebigen europäischen Theaterregisseur nach seiner Haltung zum Illusionstheater, wird er einen ins 19.

Jahrhundert verweisen. Er wird etwas über den Aufbruch der Moderne erzählen, über die Entrümpelung der alten Illusionsbühne, wird an das ekstatische Regietheater der deutschen Expressionisten in den zwanziger Jahren erinnern, wird so gegensätzliche Positionen ins Feld führen wie das politische Theater Piscators, das Theater des Absurden, die Bühne Bertolt Brechts, wird von den Auftritten des Living Theatres Anfang der sechziger Jahre berichten, und bis zum heutigen Tag wird er genug Beispiele finden, um sich selbst in einer Tradition zu sehen, die nichts mit dem Illusionstheater vergangener Zeiten zu tun hat.

Strasberg, gilt er nicht, zumindest in der westlichen Welt, als der einflußreichste Schauspiellehrer seit der Mitte des 20. Jahrhunderts? Ist seine »Methode« nicht in Hunderten von Kursen quer durch Europa gelehrt worden? Basieren nicht heute noch die meisten Schauspielschulen, Workshops, in Deutschland, Frankreich, Italien, auf seinem System? Wie ist das möglich, da er augenscheinlich Prinzipien vertritt, die dem 19. Jahrhundert entstammen und bei den Inszenierungen und dem Bühnenbild des heutigen Theaters keine Rolle mehr spielen?

Strasberg verkauft seine Theorien in einer Mogelpackung. Seine Publicity fußt ursprünglich nicht auf seiner Theaterarbeit, sondern auf der Arbeit mit Hollywoodstars wie Marlon Brando, James Dean oder Katharine Hepburn. Für den einen oder anderen Star, für Marilyn Monroe etwa, ist er auch während der Drehzeit als eine Art Trainer verpflichtet worden. In dieser Funktion ist seine »method« sinnvoll. In den gängigen Hollywood-Filmproduktionen nämlich findet eine Arbeit mit dem Schauspieler, die auf Rollenstudium, Auseinandersetzung mit der darzustellenden Figur usw. abhebt, nicht statt. Der Produktionsablauf unterliegt dem ökonomischen Interesse. Der Schauspieler folgt beim Drehen den Vorgaben des Licht-Doubles, das, in Größe, Haarfarbe usw. mit dem

Schauspieler identisch, Gänge, Positionen, Dialogzeiten usw. vorgibt, ehe er die Szene selbst spielt.

Im mechanisierten Produktionsablauf besteht Bedarf an Verinnerlichung. Strasbergs »Methode« kann das bieten.

Häufig braucht der Star wohl auch einen »Trainer« als Ansprechperson, da er den Regisseur gewöhnlich nicht als Autorität akzeptiert. Bernhard Wicki hat mir ausführlich davon erzählt, wie abgehoben und selbstherrlich Hollywoodstars wie Marlon Brando (in MORITURI) oder Anthony Quinn (in DER BESUCH) ihm, dem Regisseur, begegnet seien: Sie ließen sich von ihm schlechtweg nichts sagen.

Beim letzten Film, den Marilyn Monroe drehte (NICHT GESELLSCHAFTSFÄHIG), wurde Strasberg bzw. seine Frau Paula zu Hilfe gerufen, da John Huston, der Regisseur, mit ihr nicht zurechtkam.

Im Hollywoodfilm hat Strasberg nicht nur als Person eine sinnvolle Funktion, der gesamte Kosmos seiner »Methode« taucht hier wieder auf. Beim ersten Hinsehen ist klar: Der Star ist das Genie. Beim zweiten Hinsehen ergibt sich eine Einsicht ins dramaturgische Gefüge: Das weltweit dominierende Kino Hollywoods ist es, das die Tradition des alten Illusionstheaters fortsetzt. Diese Tradition des 19. Jahrhunderts, die man mit dem modernen Theater eliminiert glaubte, bestimmt bis heute Dramaturgie und Menschenbild des Hollywoodfilms.

Da capo: Die illusionäre Wirkung einer dargestellten Figur wird erzielt, indem sich der Schauspieler derart in die Rolle einfühlt, daß der Zuschauer den Unterschied zwischen Kunst und Wirklichkeit vergißt und sich mit der dargestellten Figur identifiziert. Als zweidimensionales Medium ist der Film auf den ersten Blick nicht für eine illusionäre Wirkung prädestiniert. Und es gibt in der Filmgeschichte genug Beispiele, die nicht ohne weiteres die Wirkung des Illusionstheaters auf die Leinwand bringen, sondern mit anderen Kategorien arbeiten.

Der Hollywoodfilm ist zweidimensionales Illusionstheater. Vehikel für Illusion und Identifikation im Kino sind der Held und die spannende Story. Vom Theater längst in den Müll der Geschichte gekippt, lassen diese beiden dramaturgischen Größen bis heute weltweit die Kinokassen klingeln, als habe eine Ablösung des 19. Jahrhunderts durch die Moderne nie stattgefunden, als hätte es das Theater, die Kunst, die Literatur des 20. Jahrhunderts nie gegeben. In den letzten Jahren häufen sich in Europa Drehbuchkurse hollywoodfreundlicher Spezialisten wie Frank Daniels, Syd Field oder Robert McKee. In Schnellkursen werden die Gesetze der Dramaturgie des Hollywoodfilms gelehrt. Rapport aus einem dieser Kurse: erste Stunde, Introduktion. Der Meister tritt an die Schautafel und zeichnet eine Pyramide. Oben, erstes Drittel der Pyramide – ein Strich. Dahin gehören die Filme mit einem Helden, einem Gegenspieler, einer Frau im Zentrum, einer spannenden Story. Zweites Drittel, Strich: alles wie erstes Drittel, aber mit Nebenstory. Letzter Strich, unteres Drittel: alles, was übrigbleibt: also Fellini und Verwandte, Europäer, vor allem mit ihrem Hang zum dramaturgischen Durcheinander. Wir beschäftigen uns, sagt der Meister, mit der Spitze, klar, topp! Wer die Spitze beherrscht, beherrscht auch den Rest, das heißt, mit dem unteren Drittel, mit Fellini und Konsorten, geben wir uns nicht ab.

Das ist die Grundformel: ein Held, ein Gegenspieler, ein weibliches Wesen und die spannende Story. Held, Gegenspieler, Spannung – das sind Kategorien des klassischen Dramas.[12] Die Struktur der spannenden Story unterliegt einer Vorstellung von Zeit, die sich nicht mehr mit der Wirklichkeit deckt. Die Moderne in Literatur und Theater war sich zu Beginn des 20. Jahrhunderts mit den Naturwissenschaften einig: Die Zeit ist kein Kontinuum, der Spannungsbogen einer Geschichte ist eine Fiktion, die durch die Realität nicht abgedeckt wird, den komplexen naturwissenschaftlichen Erkenntnissen nicht mehr entspricht. Hollywood ist das Markenzeichen einer Kunstideologie, die das 19. Jahrhundert in unsere Tage verlängert.

Inzwischen kann man aus Hollywood computergesteuerte Drehbuchpatterns erwerben, in denen die exakten Zeiten für Spannungsbögen und einzelne Höhepunkte, Plot Points, vorgegeben sind, etwa bei spätestens 4 Minuten, 30 Sekunden Ende der Introduktion des Helden bei einem 90-Minuten-Film.

Welchen Bedürfnissen kommt dieses Schema entgegen? Die spannende Story mit Anfang, Ende und rational kalkulierten Höhepunkten führt eine abgesicherte Welt vor. Sie erweckt die Illusion einer überschaubaren Realität. Der ›Kosmos‹, den Strasbergs »Methode« entwirft, kommt hier zu seiner wahren Geltung: ein künstlicher Entwurf erklärt sich für rational abgesichert und existentiell vollendet. Alles, was die Gesetze von Spannung und Plot Point stört, ist falsch; alles, was diese Gesetze mißachtet, gilt als ›unrealistisch‹, ›absurd‹, gehört ins ›untere Drittel‹ zu Fellini und Konsorten. Der Hollywoodfilm befriedigt mit Illusion und Identifikation die Bedürfnisse nach einer sicheren, geschlossenen Welt. Inhalte spielen eine untergeordnete Rolle. Was immer geschieht, es ist eingebettet in eine kalkulierbare Dramaturgie.

Nun wird man sagen: Hollywood richtet sich mit den Stories und ihren Helden nach den Bedürfnissen eines Großteils der Zuschauer, die nach Spannung und Identifikation verlangen. Auch ich habe nichts gegen Spannung, bin ein Krimifan. Es geht hier aber um den Verkauf der Illusion als Realität. Und wo ist da die Position von Strasberg, der mit den Kategorien von Kunst und Theater arbeitet, die sich nicht ohne weiteres den sogenannten Bedürfnissen des großen Publikums anbiedern, sondern zumindest vorgeben, in der geschichtlichen Entwicklung voranzugehen, wobei Strasberg sich gar als Vollender der Geschichte seiner Kunst sieht. Warum redet er nicht offen von Hollywood? Geniert ihn die Vermarktung seines Menschenbildes, das er als großen künstlerischen Entwurf anbietet, während es im Kino als altes Heldenmodell verkauft wird?

Die sogenannten Bedürfnisse des Publikums haben immer auch etwas mit Täuschung und Selbsttäuschung zu tun: Die Identifikation mit dem Helden sichert die Illusion als Realität ab, und die Realität kann unversehens zur Illusion werden.

Als 1992 amerikanische Soldaten in Somalia landeten, um Frieden, Freiheit und Demokratie zu bringen, gab es ein substantielles Problem: Es fehlte der Gegenspieler. Während ansonsten Leute wie Saddam Hussein, Gaddafi oder Milošević als Inkarnation des Bösen herhalten können, war hier kein König, kein *leader, no president.* Statt dessen ein gutes Dutzend Stämme, Stammesführer, ein heilloses Durcheinander. Also machte man sich, mit Unterstützung der Medien, auf die Suche nach dem Anführer des ganzen Schlamassels, und als man nicht fündig wurde, legte man fest: Der Feind heißt Aidid.

Italienische und französische Politiker, vertraut mit dem Land und seinen komplizierten Stammesstrukturen, warnten vergebens, ein friedliches Ende sei undenkbar, wenn man nicht alle Stammesfürsten an einen Tisch bringe. Bekanntlich endete das Unternehmen Somalia in einer Katastrophe. Die Story funktionierte nicht. Der Held taugte nicht für die hierarchischen Projektionen der weltweiten Kämpfer für Demokratie. Dabei sollte man die Funktion der Medien bei diesem Debakel nicht unterschätzen. Aidid und andere Afrikaner sind mit den Hollywoodschen Held- und Feindbildern nicht so ohne weiteres zur Deckung zu bringen. Sie sind dreidimensional, und das ist keine Illusion.

Was das mit Schauspielerei zu tun hat, mit Illusion, mit Identifikation? Die ideologischen Grundlagen für den Schauspielunterricht werden nicht von Lee Strasberg gemacht. Und er tut nur so, als seien sie selbstverständlich. Das Menschenbild, das der Hollywoodfilm transportiert, verlängert nicht nur die künstlerischen Maximen des 19. Jahrhunderts in unsere Zeit, sondern dringt tief ein in unsere Wirklichkeit.

In der Politik und ihrer Aufbereitung durch die Medien macht man eine schöne Entdeckung: Je komplizierter die Welt erscheint, um so einfacher werden die Äußerungen der Politiker: Butterberg? Das Lagerproblem. Arbeitslosigkeit? Das Lohngefälle. Waffenproduktion? Der Krisenherd. Hungertote? Das Verteilungsproblem. Krieg? Verteidigung der Menschenrechte. Hat man im letzten Dezennium schon mal einen der regierenden Politiker sagen hören: Ich weiß es nicht, ich muß mal überlegen, die Sache ist ziemlich kompliziert?

Nein, unsere Helden in der Politik kennen die Plot Points und führen uns ebenso selbstsicher durch die Geschichte wie der Hollywoodheld durch seine Story.

Die stets kurzen und präzisen Antworten auf alles und jedes lassen die komplexe Realität als einfach und überschaubar erscheinen. Die Lösungen beherrscht der Held, *the leading person.* Und der Führer ist immer identifikationsfähig: ein Mensch wie du und ich, aber meilenweit überlegen; Star, Stern am Himmel, und von Anfang an steht fest, was er am Ende ist: der Sieger. Stories haben ihre Regeln. Die Geschichte ist einfach, wenn man sie als Story verkauft. Der Politiker agiert wie ein Filmheld, und der Filmheld hat – beabsichtigt oder nicht – seine politische Funktion. Beide bewegen sich auf einer irrealen Ebene, weit entrückt der Alltagsrealität, die bekanntlich nicht als schematisierbare Story verläuft.

Ich zumindest kenne die Plot Points meines reichlich unheldenhaften Alltags nicht. Ich sehe mich täglich dem Chaos des Möglichen ausgesetzt, meinen eigenen Emotionen und den kaum berechenbaren Ereignissen, die von außen auf mich einwirken.

Wie verlockend ist es da, Helden und Führer zu haben, die den Weg der Geschichte kennen und um das stets erfolgreiche Ende wissen. Happy-End allerorten – ein reaktionärer Traum, der die Realität versimpelt, Hierarchien festigt und den beruhigt, ruhigstellt und verblödet, der sich die Illusion einer geschlossenen Welt, eines künstlichen Kosmos, als Wirklichkeit verkaufen läßt. Es lebe die Demokratie: Mehrheitlich beklatschen wir unsere Führer. Die müssen unter solchen Idealen keine Veränderung fürchten. Entwicklung und Geschichte finden da gar nicht mehr statt. Im immer gleichen, schematischen Ablauf der Story zumindest werden sie nur vorgetäuscht.

In seinen theoretischen Äußerungen spricht Strasberg kaum über Film. Er verweist schon mal auf unterschiedliche Techniken, ist aber der festen Überzeugung: »Die Anforderungen an den Schauspieler sind bei Film, Fernsehen, Theater und Oper im Grunde die gleichen.«[13]

Warum wird der Film, der ihm seine Publicity verschafft, der ihm hauptsächlich sein Auskommen garantiert hat, vernachlässigt? Dem Theater können sich die anderen Medien bestenfalls annähern. Wohlwollend räumt er ein, daß auch außerhalb der Bühne ab und an »wahrhaft schauspielerische Darbietungen [stattfinden], die auch auf der Bühne hätten bestehen können«[14], und ist davon überzeugt, daß vor allem Schauspieler, die bei ihm gelernt haben, »leicht von einem ins andere Medium wechseln«[15] können. Das Theater ist für ihn die erlesene Stätte der Kunst.

In Hollywood sind die Sprüche vom »größten Künstler, […] der in den höchsten Gefilden seiner Kunst am größten ist« (s. o.), nicht mehr als Begleitmusik zum Klingeln der Dollarkasse. Vor allem in Europa ist Strasbergs Kunstanspruch, verbunden mit dem althergebrachten Geniegehabe, der Grund seines immensen Erfolgs. Mir ist es schleierhaft, warum keinem unserer Staats- und Stadtkünstler der Widerspruch auffällt, in dem sie munter herumwerkeln: Das Illusionstheater ist verabschiedet, die Schauspieler aber, die das moderne Theater verkörpern sollen, sind zum überwiegenden Teil nach der Strasbergschen Methode ausgebildet. Der Grund für diesen skandalösen Antagonismus, um den sich keiner schert, liegt nahe. Es gibt eine übergeordnete Instanz, die solche Widersprüche verdeckt: die Kunst. Die unreflektierte Übernahme Strasbergscher Maximen in ein antiillusionistisches Theaterkonzept ist Zeichen des Illusionismus, mit dem uns ein Großteil der zeitgenössischen Kulturtheaterkunst bedient. In abstrakten modernen Bühnenbildern bewegen sich die Illusionskünstler vergangener Epochen. Der Name Strasberg ist nur eine Metapher für die unreflektierte Schlamperei, in der unsere Kino- und Theaterkunst dahindümpelt.

Die Mogelpackung, mit der Strasberg uns bedient, versetzt den Schauspieler in den großen Kosmos von Kunst und Genie. Und der Alltag? Wie viele unterliegen der Faszination des abgestandenen Bildes vom künstlerischen Genie und opfern ihr alltägliches Leben auf den Altären der Kunst! Und das Publikum ist entzückt und applaudiert. Wenn Trennung und Übergang zwischen Alltag und Kunst verwischt sind, kann der Schauspieler sich nicht mehr ›objektiv‹ sehen. Er wird sich als Künstler nicht mehr zum Objekt und tendiert dazu, seine Person vollständig mit dem Bild des Künstlers zu identifizieren. Im Prinzip geschieht mit ihm das gleiche, was er dem Zuschauer bietet: Die Illusion von der dargestellten Person wird zur einzig gültigen Realität, das Ideal vom künstlerischen Genie ersetzt die Person in ihrer alltäglichen Realität.

Arthur Miller schildert in seinen Erinnerungen ZEITKURVEN Strasbergs verheerenden Einfluß auf Marilyn Monroe und gibt ihm die Mitschuld an ihrem persönlichen Scheitern. Er hält ihn für einen »Loman«, der sich auszeichnet durch seine »Neigung zu leerem, aufgeblasenem Gerede und den großzügigen Umgang mit Fakten«[16], erwähnt Monty Clift, der Strasberg als »Scharlatan«[17] bezeichnet, verweist auf Schauspieler von Rang, die ihn für einen »Schwindler«[18] hielten, und zitiert Elia Kazan, der gesagt hatte, »Strasbergs großer Fehler sei es, seine Schauspieler immer abhängiger statt unabhängiger von ihm zu machen«[19]. Ein Guru mit wissenschaftlichem Anstrich, dessen »Art Glauben [...] im zynischen Dschungel von Hollywood«[20] seine Marktchancen hat. »Marilyn traute [...] ihm. Ihr Unglück war vollkommen.«[21] In den »höchsten Gefilden« wird das Menschenbild dem Bild des Künstlers geopfert. Notfalls durch Suizid.

## SCHAUSPIELER 2: MATERIAL UND GEFÜHL

Der Blick in die Lebensläufe von Branko Samarovski, Rosel Zech oder Ortrud Beginnen zeigte das Schema der Trennung von Kunst und Alltag, das Strasberg sich zunutze macht. Damit ist aber keineswegs gesagt, daß die drei nach Strasbergs Maximen ausgebildet seien. Es gibt Schulen, Methoden, in denen ganz anders gearbeitet wird, die ein Menschenbild im Blick haben, das sich von Strasbergs Auffassung prinzipiell unterscheidet. Natürlich habe ich als Regisseur mit Strasberg-Schülern zu tun, und ich habe mich auf sie einzustellen. Das Ergebnis der Arbeit mit ihnen kann hervorragend sein, und nichts liegt mir ferner, als Personen abzuqualifizieren, nur weil sie ihren Beruf nach einer bestimmten Methode gelernt haben. In der Auseinandersetzung mit ihnen lerne ich viel, und meine persönlichen Sympathien haben nichts mit den Normen dieser oder jener Theorie zu tun.

Es gibt eine Menge Schauspieler, die ganz anders an eine Rolle herangehen, als Strasberg es postuliert.

Ich habe viel profitiert von Hannelore Schroth. Sie interessierte sich einen Dreck für Schauspielertheorien, intellektuelle oder gar psychologische Debatten.

Die Fähigkeiten, sich eine Rolle anzueignen, hatte sie vor allem durch praktische Erfahrungen im Ufa-Betrieb der vierziger Jahre erworben und in ihrer Zusammenarbeit mit Käutner.

Sie entwickelte ihre Rollen durch Äußeres: Kostüm, Bewegung, Körperhaltung. Dabei hatte sie ein sicheres Gefühl für das, was ihr und der Rolle taugte und was nicht taugte.

Ich ging in ihrer Münchner Wohnung eine Szene mit ihr durch. Plötzlich stand sie auf, sagte: »Ich geh' mal eben in den Keller« und verschwand.

Ich wartete. Plötzlich stand sie in der Tür. Ich mußte hell auflachen. Sie hatte in ihrer Kleiderkiste gekramt und stand da mit einem paillettenbesetzten Tuch um die Schultern und einem breitkrempigen Hut auf dem Kopf. Sie verbat sich mein Lachen und ging, mit Hut und Tuch bekleidet, erneut den Text mit mir durch. Dann sagte sie: »Paßt das?« Es paßte. Der Text paßte und der Hut. Das Tuch legten wir weg.

Dann die nächste Szene. Sie liest ihren Part, ich die anderen Rollen. Mit einem Mal kommen wir ins Stocken, hören auf, schweigen, denken nach. Wir merken, daß es nicht mehr paßt. Es stellt sich die Frage, ob eine Frau, die so redet, wie ich es geschrieben habe, diesen Hut tragen kann. Der Hut stimmt nicht mehr. »Also lassen wir ihn weg!« – »Oder«, wendet sie ein, »dein Text stimmt nicht! Vielleicht änderst du den Dialog. Der Hut nämlich ist wunderbar, und in der vorigen Szene hat er haargenau gepaßt.« Ich änderte den Dialog. Bis zu ihrem Tod 1987 habe ich sieben Filme mit ihr gemacht, und oft genug habe ich ihre Dialoge geändert. Sie hatte immer recht.

Sie verachtete psychologische Fragen. Sie traf sich und die Rolle allein durch äußere Dinge, durch das Material, das sich ihr anbot. Sie kannte sich aus in Kostümen, Frisuren, in der Maske, der Wirksamkeit des Lichts und den Effekten der verschiedenen Kameraeinstellungen.

In der gemeinsamen Suche nach dem ›richtigen‹ Material für den ›richtigen‹ Text entwickelte sich ein sicheres Gefühl für die innere Stimmigkeit der Rolle, auch wenn wir nur über äußere Dinge redeten.

Hätte ich mit ihr über Gefühle gesprochen, hätte sie schallend gelacht: »Davon hab' ich genug und in jeder Bandbreite; es muß nur in den richtigen Kanal.«

Die Kopfbedeckung genügte, um sie zur Bettlerin oder zur Grande Dame zu machen. Haltung und Gang wurden bestimmt durch Kleid, Schuhe, Licht. In jedem Fall aber kehrte sich durch die äußeren Anreize das Innere der Rolle, über das wir niemals sprachen, wie von selbst nach außen.

Gespräche über Kostümfragen haben mir zu manch einem den Zugang eröffnet, der mir sonst wohl verschlossen geblieben wäre.

Das erste Arbeitstreffen mit Marianne Hoppe für ICH BIN ELSA endete schnell. Ich war von München an den Chiemsee gefahren, um sie auf ihrem Bauernhof zu treffen und mit ihr das Drehbuch durchzugehen. Sie hatte augenscheinlich keine Lust dazu, war es nicht gewohnt, daß ein hergelaufener Regisseur mit ihr arbeiten wollte. Sie sagte ziemlich schnodderig, sie könne nicht lesen, sie habe keine Brille, habe sie in München liegenlassen.

Ich fragte, wann sie wieder im Besitz einer Brille wäre, kündigte meinen erneuten Besuch an und verabschiedete mich.

Beim nächsten Besuch brachte ich Veronika Dorn, die Kostümbildnerin, mit. Sie hatte verschiedene Stoffe dabei. Frau Hoppe zeigte Interesse, legte einen roten Stoff über die linke, einen blauen über die rechte Schulter, und es stellte sich die Frage, ob man für die Rolle der Elsa bei einem Farbton bleiben oder zwischen beiden Farben wechseln sollte. So kamen wir der darzustellenden Figur näher. Allein die Frage der Farbe berührt wichtige Aspekte der Rolle. Ich machte den Vorschlag, diese Fragen im Blick auf das Buch zu klären.

Jetzt suchte und fand die Hoppe ihre Brille und las mit mir das Buch durch. Immer wieder stand das Kostüm zur Debatte. Wir legten Bild für Bild fest, was die Figur tragen sollte. So gewann die Rolle Gestalt. Die Wahl von Farbe und Art des Kostüms nämlich impliziert eine intensive Auseinandersetzung mit dem Inhalt des Buchs.

Arbeit mit Material: Requisiten, äußere Dinge, Accessoires.

Mit Olivia Grigolli bin ich die ganze Rolle für den Fernsehfilm

Kleine Liebe, grosse Liebe mit einer Handtasche durchgegangen. Für jede Situation, die sie im Film erlebt, probierten wir, was sie mit ihrer Handtasche macht: über die Schulter hängen, schlenkern, im Sitzen auf den Schoß legen, mit den Händen umklammern, die Tasche öffnen, etwas herausholen, in Ruhe herausholen, nervös herausholen, darin herumwühlen, die Tasche schließen.

Der Umgang mit der Handtasche offenbarte mehr über die Person als lange Debatten über psychische Konstitutionen.

Nach dem ersten Drehtag kam sie zu mir und meinte ziemlich verstört: »Wir haben die Tasche vergessen!«

Während der gesamten Drehzeit spielte die Handtasche dann kaum noch eine Rolle. Sie hatte uns nur geholfen, etwas über die darzustellende Figur zu erfahren.

Handtasche, Stoff, Hut – indem die Gegenstände etwas über die Rolle sagen, erfahre ich auch etwas über die Person, die mit diesen Gegenständen in der Rolle umgeht.

Ulrich Wildgruber habe ich durch ein Südseetuch kennengelernt. Im Finale von Prinzenbad hat er einen sehr langen Monolog, der mit Dante-Zitaten in altem Italienisch durchsetzt ist. Lange vor Drehbeginn kannte er den Text auswendig. Bei einem Treffen in Hamburg sprach er den Text in allerlei Varianten. Er war ein großer Sprachkünstler, der jede Nuance bewußt einsetzte. Ich konnte mit seinen verschiedenen Versionen im Moment wenig anfangen und bat ihn, eine Grundhaltung festzulegen. »In den Kleidern geht das nicht«, sagte er und verließ das Zimmer. Er trug Hemd und Hose und wußte, daß er in der Rolle, wie alle Männerfiguren in diesem Film, nur einen Lendenschurz tragen würde. Um Gottes willen! In der Tür drehte er sich um, sagte: »Keine Angst, ich zieh mich nicht aus!« und verschwand.

Als er wieder hereinkam, trug er über Hemd und Hose ein buntes Tuch, das um die Hüfte gebunden war. »Das ist ein Südseetuch«, sagte er, »darunter ist man nackt, das ist klar.« Er ermunterte mich, gleich ihm Hemd und Hose wegzudenken. Er bewegte sich anders als vorher und sprach den Monolog, daß mir Hören und Sehen verging. Im Film sieht man exakt diese Version, ohne Hemd und Hose allerdings und ohne Südseetuch. Nach dem Monolog erzählte er mir eine Stunde lang von der Südsee. Ich habe viel über ihn erfahren in dieser Stunde. Er holte ein großes Glas mit Muscheln und Steinen, erzählte, wo er sie gefunden hatte, und zeigte mir auf einzelnen Muscheln und Steinen jede Maserung, Färbung, ging so intensiv und liebevoll ins winzigste Detail, daß ich kapierte, wie dieser Mann einen Text behandelte, ihn bis in die einzelnen Worte, Buchstaben ergründete.

Der Umgang mit Material sagt etwas über Rolle und Person, ohne direkt darüber zu sprechen, ohne die Inhalte beim Namen zu nennen. Handtaschen, Tücher oder Schuhe sagen mehr über eine Person als Gespräche über innere Verfassungen.

In PRINZENBAD waren wir lange unentschieden, inwieweit die stumme, leicht humpelnde Putzfrau Elli attraktiv sei. Als die Frage der Schuhe aufkam, war ich ratlos. Schließlich fragte Elisabeth Endriss, ob sie für die Rolle hohe oder flache Schuhe tragen solle. Ich plädierte sofort für hohe Schuhe. Bernhard Wicki mischte sich ein und sagte zu ihr: »Hol doch mal die Schlangenlederstöckel, die ich dir in Mailand gekauft habe.« Sie trägt diese Schuhe im Film, und die sündhaft teuren Stöckel geben der humpelnden Putzfrau einen schönen Kick ins Irreale. Entscheidend ist, daß sie in dem Moment, wo wir uns für diese extremen Schuhe entschieden, etwas über die Rolle wußte. Schnell ist nämlich dann ein Stück Vorgeschichte erfunden: Woher hat die Putzfrau diese Schuhe, mit welchem Geld hat sie sie gekauft, oder hat sie sie gestohlen, sich ervögelt, warum trägt sie diese Schuhe beim Putzen, wem gefällt das, und wenn diese Stöckel einem anderen gefallen, vielleicht gefallen sie ihr selbst gar nicht? Diese Fragen sind zu klären und geben der Figur Fleisch.

Der richtige Umgang mit Accessoires und Requisiten wird beim Drehen erst recht zur Testfrage für die Stimmigkeit der Person. Von Bernhard Wicki habe ich etwas über die Bedeutung der Authentizität von Requisiten gelernt. In dieser Sache bescheinigt man seiner Regiearbeit gerne einen Schuss Irrwitz. Man nannte ihn »Menschenschinder«, als er bei der EROBERUNG DER ZITADELLE die Akteure zentnerschwere Zementsäcke vom Meer zur Zitadelle hochtragen ließ. Empört setzte er sich zur Wehr: »Das Schleppen spielen?!, das Gewicht von ›innen‹ heraus ›nachempfinden‹?! Das geht nicht, das ist miese Schauspielerei, Schlamperei ist das!«

Ausgerechnet ihm hatte ich in PRINZENBAD das Leben erleichtern wollen! Er spielt dort einen alten Bademeister. An einigen Höhepunkten des Films beginnt laut die Dampfheizung des Bads zu bollern. Bernie schlägt dann mit einem schweren, eisernen Schraubenschlüssel gegen die Heizungsrohre, bis das Bollern aufhört.

Der Requisiteur meinte es gut mit ihm und fertigte einen Schlüssel aus Kunststoff an, weil er annahm, daß Wicki, kränkelnd und schwach, nicht in der Lage wäre, den großen, eisernen Schraubenschlüssel zu schwingen. Nach den ersten Schlägen merkten wir, daß Bernies Aktion nicht stimmte.

Er nahm schließlich den Plastikschlüssel, zerbrach ihn und warf die Teile wütend in eine Ecke. »Gib mir den richtigen Schraubenschlüssel, sonst wird das nichts mehr heute!« Er nahm den schweren Schlüssel und hatte plötzlich mehr Kraft, als wir ihm je zugetraut hätten. »Wenn ich das nicht mehr kann, darf ich die Rolle nicht annehmen.«

Die Bedeutung, die man dem richtigen Umgang mit äußeren Dingen, mit Material beimißt, markiert die Grenze zwischen Strasbergs »Methode« und der ganz anderen ›Schauspielschule‹ Bert Brechts. Katharina Thalbach steht in der Tradition Brechts. Als ich ihr zum ersten Mal begegnete, hatte ich mich vorbereitet, ihr allerhand über die Figur der Hanna, die sie in FRIEDLICHE TAGE spielen sollte, zu erzählen.

Ich wartete auf sie im Café Möhring am Berliner Kurfürstendamm. Sie kam herein, sagte guten Tag, setzte sich an den Tisch und fing sofort an: In welchem Format wird gedreht, wer schneidet den Film, trägt Hanna immer das gleiche Kleid, ist ›Bild 6‹ nötig, und wenn ja, kann man es nicht mit ›Bild 17‹ vertauschen, muß ›Bild 36‹ unbedingt im Regen spielen, warum trifft Hanna ihren Bruder erst gegen Ende, kann sie vor der Liebesszene ihre Schuhe ausziehen, und wäre es vielleicht möglich, ihr nach der Liebesszene eine Szene mit Hannelore Schroth zu schreiben? Noch heute fliegen mir die Fragen durchs Hirn, wie sie mir damals um die Ohren flogen: lauter Fakten, keine ›Interpretation‹ der Figur mit Fragen über Psychologie und innere Verfassung.

Es war meine erste Begegnung mit Brechts Schule, sie hat sich mir eingeprägt.

## BERTOLT BRECHT

In seinem autobiographischen Buch EIN TRAUM DER LEIDENSCHAFT berichtet Strasberg von einem Treffen mit Brecht, als 1936 im Group Theatre mit seinen Lehrstücken gearbeitet wurde:

»Im Schutz seiner ewigen Zigarre saß er hinten in einer Ecke«, und seine Reaktion auf alles, was Strasberg machte und sagte, war eindeutig: »Er nickte zustimmend. [...] nickte [...] immer wieder [...].«[1] In der ihm eigenen Bescheidenheit nimmt Strasberg an, Brecht habe etwas über sein Verhältnis zu Stanislawski und zu Strasbergs »Methode« offenbart, was »vielleicht eine gewisse historische Bedeutung«[2] hat.

Brecht hat das anders gesehen. Strasberg kommt in seinen Schriften nicht vor, und was Stanislawski betrifft, so benutzt ihn Brecht lange Zeit als Gegenpol zu seinen eigenen Theorien. Erst das sogenannte Spätwerk Stanislawskis mit der scheinbaren Verlagerung von der Psyche ins Materielle, von ›innen‹ nach ›außen‹, mit der Strasberg so gar nichts anzufangen weiß, bringt Brecht dazu, sein pauschales Urteil über den Russen zu revidieren. Diese Seite Stanislawskis lernt Brecht spät kennen.

Den ›frühen‹ Stanislawski, der das Vorbild für Strasberg ist, nimmt er meist als Buhmann, gegen den sich die eigene Theorie formulieren läßt. Das »sehr alte Buch des russischen Regisseurs Stanislawski«[3] liefert jene Begriffe, die Brecht ein Horror sind: Einfühlen in die Rolle, Verwandlung, Illusionstheater. »Die Fähigkeit der [...] Verwandlung gilt [...] als das Kennzeichen der Begabung des Schauspielers; mißglückt sie, dann ist alles mißglückt.«[4] Diese Art der Verwandlung setzt voraus, daß die Schauspieler »alles, was die Stücke benötigen [...], in sich tragen«[5]. Das wird von Brecht als unzureichend kritisiert: Sie begnügen sich damit, »sich als Hamlete und Ferdinande zu fühlen und da kommt nur [...] heraus, was von diesen Figuren sie ›anregt‹, in ihnen ebenfalls ›da ist‹«[6].

Strasberg sagt einmal: »Brecht empfahl, der Schauspieler solle [...] fragen: ›Wie habe ich schon einen Menschen dies sagen hören oder das tun sehen?‹ Natürlich ist es viel einfacher, wenn sich der Schauspieler fragt: ›Wann habe ich selbst so etwas gesagt oder so etwas getan?‹«[7] Strasberg kann Brecht nicht verstehen. Hier stoßen nicht nur zwei Schauspielertechniken aneinander, sondern zwei völlig unterschiedliche Auffassungen vom Menschen.

Brecht mißtraut den »Schöpfungsakten« des schauspielerischen Genies. Mit unverhohlenem Sarkasmus ›preist‹ er den »alten Schauspieler«. Er »schöpft aus sich selber«[8]. Die Abschottung der künstlerischen Innenwelt gegen die alltägliche Außenwelt, das alte Signum des künstlerischen Ichs, wird attackiert: »hauptsächlich handelt es sich um die realität von subjektiven empfindungen, die durch übungen [...], bezweckend autosuggestion, herausgearbeitet und gegen außenweltliche einflüsse geschützt wird [...].«[9]

Brecht moniert nicht nur, daß dem Schauspieler unter diesen Voraussetzungen eine Rolle, ein Stück häufig »nur ein Vehikel für die Darstellung seelischer«[10] Zustände sind, sondern mißtraut der »Künstlichkeit« jener Kunst. Wenn der Schauspieler sich derart mit der darzustellenden Person identifiziert, daß seine eigene alltägliche Person dabei keine Rolle mehr spielt, »handelte es sich eigentlich darum, Vorspiegelungen einen Höchstgrad von Wahrheit zu verleihen«[11], die Illusion zu erwecken, daß das Gespielte die Realität sei. Die Verschmelzung des Schauspielers mit seiner Rolle verführt den Zuschauer dazu, das Künstliche als Wahrheit anzunehmen, denn sie »dient dazu, die Identifizierung des Zuschauers mit dieser Figur möglichst restlos herbeizuführen«[12]. Was Strasberg zelebriert, wird Brecht zum Greuel: Die Einheit zwischen Darsteller und darzustellender Figur, die sich widerspiegelt in der Einfühlung des Zuschauers in Bühnenfigur und Geschehen, ist für Brecht illusionärer Ersatz für die Realität. »Das reiche Innenleben [...]

[ist] der kümmerliche Ersatz für ein reiches Außenleben.«[13] Den Schauspieler-Künstlern gibt Brecht einen guten Rat: »Der Zustand der Entrückung, in dem sie [...] starken Empfindungen hingegeben scheinen, ist desto tiefer, je besser die Schauspieler arbeiten«, also kann man nur wünschen, »sie seien so schlecht wie nur möglich«[14].

Nun könnte es den Anschein haben, als sollte hier Brecht auf Kosten von Strasberg gefeiert werden. Verlauf und Ausgang der Feier bleiben abzuwarten.

Immerhin muß ich gestehen, daß eine Beschreibung der Brechtschen Theorien leichter vorangeht, wenn man seine kritische Haltung übernimmt, zumal er nicht nur gegen Strasberg, sondern gegen den überwiegenden Teil des heutigen Theaters steht. Allenthalben wird doch gesagt, seine Stücke seien prima, aber sein Inszenierungsstil nicht nachvollziehbar. Sein Affront gegen die verstaubten bürgerlichen Kunsttheorien ist wunderbar, räumt die Mottenkiste aus, bringt Leben in die Kulissen, wird sich aber der Frage stellen müssen, inwieweit unsere Realität davon betroffen ist, ob in der Frontstellung, die er bezieht, zu Grabe getragen werden kann, was auf das munterste dahinsiecht.

Zunächst sind die Umstände zu klären, unter denen es dem Schauspieler gelingen soll, »eine Spielweise zu finden, welche auf die totale Einfühlung verzichten«[15] kann.

Im Gegensatz zu Strasberg verkapselt sich Brecht nicht in ein enges theoretisches System, das von einer – stets imaginären – Einheit der Person und der daraus folgenden Verschmelzung von Darsteller und darzustellender Figur ausgeht. Brecht sprengt den Ganzheitsanspruch der Kunst durch den Blick auf die Praxis von Alltag und Geschichte. Seine Arbeit ist geprägt durch Experiment, Unruhe, Widersprüchlichkeit. Ziel ist es, »mit der unfruchtbaren Gralshüterei und dem Rechthabertum in der Interpretation der

Stanislawskischen Arbeitsweise in unseren Theaterschulen aufzuräumen und Platz zu machen für echtes Suchen«[16].

Brecht hat verschiedene Ansatzpunkte, um mit der ›alten Methode‹ Schluß zu machen. Vor allem sieht er den Schauspieler nicht länger als von der Gesellschaft losgelöstes genialisches Individuum, das in der Kunst sich erfüllt. Er stellt ihn zurück in seine gesellschaftliche Umgebung, in den realen zwischenmenschlichen Alltag. Der Schauspieler des Illusionstheaters erscheint da wie ein Relikt aus vergangenen Zeiten. Brecht sieht den Menschen in einer Umgebung, die geprägt ist vom »wissenschaftlichen Zeitalter«. Prototyp dieser Zeit ist der Ingenieur.

Und der Schauspieler? »Es ist dem Bürgertum nicht [...] gelungen, einen Schauspieler des wissenschaftlichen Zeitalters zu kreieren [...].«[17] Der genialische Künstler mit seinen individuellen Schöpfungsakten unterliegt der Illusion, daß unverändert möglich wäre, was einst funktionierte: künstlerische Selbstverwirklichung in Abstinenz von den gesellschaftlichen Bedingungen. Nicht aus abstrakten ideologischen Gründen setzt Brecht auf den gesellschaftlichen Aspekt, sondern im Blick auf die konkreten Bedingungen des »wissenschaftlichen Zeitalters«: »Die Beziehungen der Menschen [sind] bei der Ausbeutung und Unterwerfung der Natur undurchsichtiger geworden« und damit problematischer, »als sie es je waren«[18]. »Wie den unberechenbaren Naturkatastrophen der alten Zeiten stehen die Menschen von heute ihren eigenen Unternehmungen gegenüber«[19] – durch Technifizierung und Verwissenschaftlichung des Lebens. Da drängt es sich auf, die Distanz, die man durch eigenes Handeln herstellt, zu erkennen und einzugreifen, anstatt weiter so zu tun, als lebe man in eins mit der Welt.

Für Brecht hat nicht nur der Ingenieur, sondern auch der Künstler des 20. Jahrhunderts die Aufgabe, handelnd einzugreifen. Wenn das »Theater des wissenschaftlichen Zeitalters«[20] überleben soll, dann kann die Haltung des Schauspielers nicht länger dadurch bestimmt sein, sich auf unreflektierte Weise in etwas Vorgegebenes einzufühlen. Er soll vielmehr zur Rolle, zur Fabel in Distanz gehen und eine kritische Position einnehmen.

Brecht sieht darin keine Beschränkung. Er setzt vielmehr auf das Vergnügen, das im distanzierten Umgang mit dem Gegenstand liegt. Der Schauspieler kann diese Haltung »in unserem Theater vergnüglich einnehmen«[21], denn Distanz und Kritik sind typisch für die neue Zeit und sind imstande, »die Dialektik zum Genuß zu machen«[22].

Wenn man aufhört, das Gespielte als eine in sich abgeschlossene Realität vorzutäuschen, dann muß auch die illusionäre Identifikation des Zuschauers mit dem Dargebotenen gebrochen werden. Oder soll er weiter der Täuschung erliegen, die Kunst sei ein Refugium des Zeitlosen, Ewigen, Unveränderlichen, eine Art Trost also in immer unruhigen Zeiten? »Es ist eine Lust unseres Zeitalters, das so viele und so mannigfaltige Veränderungen der Natur bewerkstelligt, alles so zu begreifen, daß wir eingreifen können. [...] nicht nur wie er ist, darf [der Mensch] betrachtet werden, sondern auch wie er sein könnte.«[23]

Gefordert sind: »Überraschungen«, »Unstabilität« und »der Witz der Widersprüchlichkeiten«. »[...] das sind Vergnügungen an der Lebendigkeit der Menschen, Dinge und Prozesse, und sie steigern die Lebenskunst sowie die Lebensfreudigkeit.«[24] Kunst existiert nicht länger in einer abgeschlossenen Sphäre. Sie liefert sich der Alltagsrealität aus, hat zu tun mit »Lebenskunst«.

Wegen seiner Absage an das alte Gefühlsinstrumentarium wird Brecht häufig Abstraktheit und Kälte nachgesagt. In Wahrheit versucht er auf eine neue Art von Sensibilität und Gefühl zu setzen. »Die Verwerfung der Einfühlung kommt nicht von einer Verwerfung der Emotionen und führt nicht zu einer solchen.«[25] Wer in dieser dürren Formulierung nur einen weiteren Beweis für Brechts Abstraktheit sieht, sei auf die Aufführungen seines Theaters am Schiffbauerdamm verwiesen, die prall voll Leben waren und einen zum Lachen und zum Weinen brachten.

Selbst Strasberg, dessen ignorante Haltung ihn nicht gerade als Brecht-Fan ausweist, bekundet Bewunderung für die Brechtsche Praxis: Die »Inszenierungen mit dem Berliner Ensemble gehören für mich zu den herausragenden Leistungen im Theater der Nachkriegszeit [...], vor allem wegen der großartigen Bühnenwirksamkeit und des Phantasiereichtums seiner Inszenierungen«[26]. Brecht will ein Theater, das aus einer neuen Art von Empfindungen lebt. Er fordert eine neue, andere Ausbildung der Schauspieler. Die Haltung des Zuschauers, so ist er überzeugt, läßt sich verändern durch eine veränderte Haltung des Schauspielers. Während im alten Theater »ein völliges Aufgehen des Schauspielers in seiner Figur [...] zur Folge hat [...], daß der Zuschauer sie einfach hinzunehmen hat«[27], soll der heutige Zuschauer »aus der Hypnose entlassen, der Schauspieler der Aufgabe entbürdet werden, sich total in die darzustellende Figur zu verwandeln«[28].

Immer wieder befaßt sich Brecht nicht nur mit dem Schauspieler, sondern auch mit dem Zuschauer. Das ergibt sich notgedrungen aus seinem gesellschaftlichen Ansatz. Nicht die individuelle Seelenlage des Darstellers steht im Mittelpunkt des Interesses. Der gesellschaftliche Kontext, die Realität des Zusammenlebens ist gefragt. So ist auch die »Einfühlung [...] ein gesellschaftliches Phänomen, das für eine bestimmte geschichtliche Epoche einen großen Fortschritt bedeutete«[29], für den Menschen des »wissenschaftlichen Zeitalters« aber nicht taugt.

Das neue Vergnügen an Veränderung und Mobilität eint Schauspieler und Zuschauer. Beide beschwört Brecht, die Kunst des Einfühlens als konservativen Akt zu verabschieden, das »alte« Theater aufzugeben, jene »Verkaufsstätte für Abendunterhaltung«, »herabgesunken zu einem Zweig des bourgeoisen Rauschgifthandels«.[30] Während sich die Welt durch den wissenschaftlichen Fortschritt in rasendem Tempo verändert, kann die Kunst nicht länger Hort »ewiger Werte« sein, es sei denn, man verweigert ihr den Anteil am heutigen Leben. Im MESSINGKAUF wirft der Philosoph dem traditionellen Schauspieler vor: »In euch fühlte man sich ein, und in der Welt richtete man sich ein. Ihr wart, wie ihr wart, und die Welt blieb, wie sie war.«[31]

Brecht formuliert seine Arbeit mit dem Schauspieler immer wieder gegen die vorherrschende Mode: »Wie ich sehe, gibt Stanislawski eine Reihe von Verfahren an, durch die der Schauspieler sein eigenes Bewußtsein ausschalten und durch das des von ihm gespielten Menschen ersetzen kann.«[32] Das trifft, wie sich zeigen wird, Stanislawski nicht im Kern, deutet aber die Stoßrichtung gegen das Illusionstheater an: Der Schauspieler soll sich nicht in der Rolle verlieren. Ein konservatives Lob wie: »Er spielte den Lear nicht, er war Lear« ist in Brechts Augen ein geradezu vernichtendes Urteil.[33]

Brecht versagt dem Schauspieler die völlige Identifikation mit der Figur und trägt ihm auf, »seine Figur lediglich zu zeigen«[34]. Die Inszenierung des Illusionstheaters strebt an, das Gespielte als etwas Natürliches erscheinen zu lassen. In der eingefühlten Identität zwischen Darsteller und darzustellender Person ist »sozusagen die Natur erreicht. Für uns aber hat es die Natur als Nachteil, daß sie nichts zeigt«[35]. Wo der Ingenieur gestaltend und verändernd in die Natur eingreift, hat der Schauspieler den Eindruck des »Natürlichen« zu meiden.

Die Technik des »Zeigens« ist nicht nur ein mögliches Verfahren im künstlerischen Bereich, sie bricht existentiell mit dem vorgegebenen Bild des Künstlers. Nicht die genialische innere Seelenlage, sondern etwas Äußeres, das Technische selbst, bestimmt die neue

Haltung. Der Schauspieler ist aufgefordert, »seine Wirkungen technisch herzustellen, das heißt das zeigen, woran erkannt wird, was nicht unbedingt mit dem zusammenfällt, was sich lediglich [...] abspielt«[36].

Wird mit dem Begriff der Technik nicht jene Kälte und Abstraktheit assoziiert, gegen die gerade die Kunst ein Gegengewicht zu bilden hat?

Brecht nimmt den Schauspieler aus seinem überkommenen Kunstzusammenhang heraus und versetzt ihn ins Gefüge des »wissenschaftlichen Zeitalters«, nimmt ihm die alten, quasi natürlichen Voraussetzungen und macht seine Arbeit zu einem Experimentierfeld. Der Schauspieler soll sich aus dem Zentrum seiner Zeit heraus neu definieren. Die alten Sicherheiten sind ihm genommen, die Probe, das »Probieren« wird zum »Ausprobieren«.[37]

Wie geht das Ausprobieren vor sich?[38] Schon die von Brecht geforderte Ausgangsposition kann den Schauspieler irritieren. Gewöhnlich kommt er zur ersten Probe mit dem Blick auf seine Rolle. Brecht nimmt ihm das, indem er lakonisch feststellt: »Der [...] Schauspieler kümmert sich nicht um die Figur. Er tritt leer an.«[39] Strasberg könnte ähnlich formulieren. Er würde fordern, daß der Schauspieler ›leer‹ sein muß, um sich ganz auf die Rolle zu konzentrieren. Das Gegenteil ist hier gemeint. Der brechtsche Schauspieler soll zu Beginn nichts von seiner alltäglichen Realität aufgeben. Er soll die eigene Person für den Arbeitsprozeß bewahren und nicht »schon möglichst frühzeitig, womöglich auf der ersten Probe den Schauspieler spielen«[40]. Das Experimentierfeld soll nicht vorzeitig eingegrenzt werden. So ist auch beim ersten Lesen des Stücks darauf zu achten, »daß er nicht zu schnell ›begreift‹«[41], denn die Schauspieler »machen sich ein vorschnelles Bild vom Charakter ihrer Figuren«[42].

Während Strasberg im Inneren des Schauspielers die Entsprechungen zur Rolle sucht und damit von vornherein auf einen inneren Konnex abzielt, empfiehlt Brecht als Grundlage das schiere Gegenteil: die Distanz. Das ist nicht mit Interesselosigkeit zu verwechseln. Für die Emotionen des Schauspielers bleibt genug Raum. Um die Distanz zu erreichen, soll er nämlich »die Haltung des sich Wundernden einnehmen«[43], bereit, zu staunen und sich überraschen zu lassen. Dabei geht es nicht nur um die jeweilige Rolle, »die Haltung des Staunens« soll auch gegenüber »dem Getriebe des Stückes« eingenommen werden.[44]

Die Bereitschaft, zu staunen und »überrascht zu werden [,] ist eine erlernbare Technik«[45]. Es soll vor allem darauf geachtet werden, daß im Prozeß des ersten behutsamen Lesens die eigene »Phantasie [...] vom Schauspieler sparsam angewendet wird«[46], um Rolle und Stück nicht durch eine vorgefaßte Haltung zu verstellen. Man darf sich von der Rolle nicht überrumpeln lassen, darf die eigene Person nicht in der Rolle verlieren. Dazu empfiehlt Brecht einen für die Methode der inneren Verschmelzung ganz undenkbaren Schritt: »Stutzen und Widersprechen!«[47]

Das Wissen und die Erfahrungen des Schauspielers befinden sich natürlicherweise häufig im Widerspruch zu denen der Figuren eines Stücks, »und diesen Widerspruch müssen sie feststellen«[48]. Beispiel: »Ein Schauspieler soll den Faust spielen. Fausts Liebesbeziehungen zu Gretchen nehmen einen verhängnisvollen Verlauf. Die Frage erhebt sich: Würden sie das nicht, wenn Faust Gretchen heiratet?«[49] Denken und Fühlen in Alternativen und Widersprüchen erhält die geforderte Distanz aufrecht und gibt der Figur eine Reihe von Facetten, die im unmittelbaren Einfühlen häufig verloren werden.

Wo der Widerspruch nicht aus persönlicher Erfahrung möglich ist, soll er während des Lesens und während der ersten Proben technisch erzeugt werden: »Der Schauspieler soll bei allen wesentlichen Punkten zu dem, was er macht, noch etwas ausfindig, namhaft und ahnbar machen, was er nicht macht.«[50] »Der Treue eines

Mannes kann er den Geiz gesellen«[51], wenn er »Verzeihen« spielt, kann er denken: »Das wirst du mir bezahlen.«[52] Mit jeder Handlung, jedem Satz läßt sich so verfahren: »Er fällt nicht in Ohnmacht, sondern er wird lebendig. Er liebt seine Kinder nicht, sondern er haßt sie«[53] usw.

Was zunächst aussieht wie eine Technik für die erste Begegnung mit der Rolle, geht schließlich ganz in die Darstellung ein. Die Momente des Staunens und des Widerspruchs »hat er nämlich festzuhalten in seiner Gestaltung«[54], sie müssen »beim Spiel aufrechterhalten«[55] werden.

Es geht also nicht nur um eine Technik, die dem Schauspieler während des »Ausprobierens« die Möglichkeit bewahrt, in der Distanz möglichst viel von der Rolle zu erfassen, sondern Brecht zerstört grundlegend die traditionelle Verschmelzung von Darsteller und darzustellender Person. Der Schauspieler soll seine private Alltagsperson nicht aufgeben. Sie wird Teil der Rolle. »So enthalten die Figuren zweierlei Ichs, die einander widersprechen, das eine davon ist das des Schauspielers.«[56]

Die Bewahrung des widersprüchlichen, staunenden Ichs in der einzustudierenden Rolle verweist das Individuelle immer wieder in seinen gesellschaftlichen Kontext.

Beim ›Einfühlen‹ des Illusionstheaters liegt das Ziel der Arbeit quasi im Stillstand, der erreicht ist, wenn der Prozeß der Verschmelzung abgeschlossen, die Rolle reif ist für die Aufführung. Für Brecht hingegen ist das Prozeßhafte gleichsam das Ziel. Die beiden Ichs verschmelzen nicht, sondern bewegen sich miteinander, ineinander und gegeneinander.

Hier wird der Schauspieler sich nicht nur zum Objekt, wenn er – wie ich eingangs sagte – lernt, Menschen darzustellen. Bei Brecht wird das ›sich objektivierende‹ Ich zum Prototyp des Schauspielers. Er wird dem Ingenieur ähnlich, sucht, entdeckt, »behandelt [...] die gesellschaftlichen Prozesse und verfolgt diese in ihrer Widersprüchlichkeit«. Ihm »existiert alles nur, indem es sich wandelt, also in Uneinigkeit mit sich selbst ist«[57].

So wird dem ›alten‹ Theater ein Platz außerhalb der modernen Realität zugewiesen, das Illusionstheater erscheint als Illusion: »Die Darstellungen des bürgerlichen Theaters gehen immer auf eine Verschmierung der Widersprüche, auf die Vortäuschung von Harmonie [...] aus. Die Zustände werden dargestellt als so, wie sie gar nicht anders sein können [...].«[58]

Man stelle sich vor, die Maximen Brechts wären in seiner ›sozialistischen‹ Gesellschaft wirklich ernst genommen worden! ›Widerspruch‹, ›Mobilität‹, ›Wandel‹ – welch eine lebendige demokratische, ja vielleicht sozialistische Gesellschaft! Sei's drum.

Glaubte Brecht wirklich, in einer Gesellschaft zu leben, die das bügerliche Erbe verabschiedet hatte? Hatte er es wenigstens verabschiedet? Wie kann so etwas funktionieren, wenn sein revolutionärer Standpunkt letztlich nur ein Fremdkörper ist in seiner gesellschaftlichen Umgebung?

Wie kommt es eigentlich, daß auch der klügste, kritischste, einsichtigste, begründetste Aufstand gegen das alte bürgerliche Kunstgetue die Grenzen des Theaters, der Kunst kaum überschreitet?

Bei allen Bedenken sind Brechts Theorien bis heute von großem Interesse. Sie stören zumindest den anhaltenden bürgerlichen Schlaf, torpedieren den Stillstand. Sobald der Alltag des individuellen Ichs in die Rolle gerettet ist, kann er für die Kunst virulent werden, kann zum Motor werden für Darstellung und Inszenierung und so eine Vorstellung vom Menschen entwerfen, die auf Dauer die Illusion des ›alten‹ Theaters hinter sich läßt.

An die Stelle der inneren Schau und Rückschau setzt Brecht die

Beobachtung äußerer Vorgänge. Seine banale Forderung: »Die Schauspieler dürfen nie aufhören, dem Volk aufs Maul zu schauen«[59], ist nicht darauf beschränkt, Spiel und Rolle zu vervollkommnen. Letztlich hindert diese Aufforderung den Schauspieler daran, vollkommen und harmonisch mit der vorgegebenen Rolle zu verschmelzen und in einem künstlerischen, künstlichen Kosmos aufzugehen und darin seine Erfüllung zu sehen. »Dem Volk aufs Maul zu schauen« – da ist der Alltag gemeint, der in die Rolle, und häufig im Widerspruch zu ihr, hineingetragen wird. Brecht verordnet dem Künstler geradezu eine Partitur des Alltäglichen. »Die Beobachtung ist ein Hauptteil der Schauspielkunst«[60], und zwar nicht die strasbergsche Beobachtung des eigenen Ichs und seines Erinnerungspotentials. Zu beobachten ist zum Beispiel »die Gestik, die im alltäglichen Leben vorkommt« und die »im Schauspiel ihre Ausformung erfährt«.[61]

Ende des solipsistischen Genies? »Man wird zugeben, daß der Schauspieler mehr tun muß«, mehr sein muß. »Er hat das gesellschaftliche Leben zu zeigen.«[62] Konsequent stellt Brecht eine weitere Forderung: Schon in einem frühen Stadium der Proben soll die eigene Rolle durch das Zusammenspiel mit dem Partner definiert werden. »Er muß den Vorgang zwischen sich, seiner Figur und den anderen Figuren [...] herausfinden.«[63] Wer nun glaubt, Brecht handle da mit einer Binsenwahrheit, die noch bestätigt wird in der Rede vom »Abnehmen des Tons vom Partner«[64], wird beim darauffolgenden Schritt erschrecken:

»Der Schauspieler soll mit seinem Partner die Rollen tauschen.«[65] Wenn zum Beispiel Puntila die Rolle des Knechts übernimmt und der Knecht für eine Weile die Rolle seines Herrn, erfahren beide im anderen ein gut Teil ihrer eigenen Rolle und machen etwa folgende Erfahrung: »Der Herr ist nur so ein Herr, wie ihn der Knecht es sein läßt [...].«[66] So lernen beide durch den Rollentausch etwas

»über die Gesetzmäßigkeiten im Verhalten der Menschen zueinander«[67].

Die Distanz zur eigenen Rolle wird weiter ausgebaut. Brecht schlägt vor, auch mal das »Geschlecht«[68] zu wechseln, und gibt dem Schauspieler den Tip, die Rolle »einmal in der Ichform und einmal in der Erform«[69] zu sprechen.

Die Formen der Distanz sind mehr als ein technisches Mittel zur Auflösung von Einfühlung und Illusion. Sie widersprechen dem traditionellen Harmoniestreben, das dem gesellschaftlichen und wissenschaftlichen Alltag zuwiderläuft. Das Prinzip der Distanz wird in die Gestaltung integriert. Die eine Person handelt in unterschiedlichen Ichs. Wie aber soll da eine glaubwürdige Person auf der Bühne entstehen? Könnte man dann, nach allem, was man bis jetzt gehört hat, die Rolle nicht ebensogut rezitieren wie sie leibhaftig auf der Bühne erscheinen lassen?

Bisher hat es den Anschein, als ginge Brecht fast blindlings gegen alles an, was er in seinem Kampf gegen das Illusionstheater mit Stanislawski in Verbindung bringt. Was aber ist das »Ich« in der Rolle, das sich durch das »Er« in Widerspruch bringt, was bedeutet einem die eigene Rolle, nachdem man den Gegenpart gespielt hat?

Brecht selbst schlägt die Volte: Er betont, daß »nicht völlig auf das Mittel der Einfühlung zu verzichten«[70] sei, und gibt, während er über das Zusammenspiel der Partner spricht, en passant die Auskunft, daß es dem Schauspieler »meist verhältnismäßig leicht [gelingt], die Empfindungen seiner Figur zu erfassen und glaubhaft wiederzugeben«, wenn »er die Wahrheit« über das Zusammenspiel »erfaßt« hat.[71] Der Schauspieler soll aber beim Studium der Rolle »jedes zu frühe Sicheinleben unterlassen«[72].

Sind etwa alle vorher genannten Elemente des Probierens nur Vorstufen zur traditionellen Identifikation des Darstellers mit der darzustellenden Person? Subsumiert Strasberg die Brechtsche Arbeit zu Recht unter seine »method«? Nein. Die Einfühlung ist bei Brecht nur ein Teil der Person, die auf der Bühne erscheint. Sie ist nicht das Ziel, das am Ende der verschiedenen Übungen steht, sondern ist einzuordnen in die komplexe Realität der Rolle. »Wenn auch beim Probieren Einfühlung in die Person benutzt werden kann [...], darf dies doch nur als eine unter mehreren Methoden der Beobachtung angewendet werden.«[73] So relativiert er die Technik der Einfühlung, wohl wissend, daß in ihr ein totaler Anspruch angelegt ist, der den Schauspieler von der differenzierten Person, die Brecht im Auge hat, zu entfernen droht.

Er geht noch einen Schritt weiter und beschränkt das Einfühlen auf die Zeit des Probierens, sagt ausdrücklich, daß es »bei der Aufführung zu vermeiden ist«[74].

Brecht nimmt Stanislawski als Antipoden, solange es gegen Illusionstheater und Einfühlung geht. Ansonsten verweist er in einem ganzen Kapitel seiner Schriften auf das, »was von Stanislawski gelernt werden kann«[75]. Die Arbeit des Russen sieht er als großen historischen Fortschritt, weil er eine neue Annäherung an den Menschen erreicht, eine »intimere Kenntnis seiner Natur«[76]. Dabei verweist er auf die Situation, die Stanislawski angetroffen hat: »Ich denke, er betonte die Notwendigkeit der Einfühlung oft nur, weil er die verächtliche Gewohnheit gewisser Schauspieler haßte, sich dem Publikum anzuschmieren [...].«[77]

Brecht geht es nicht um eine differenzierte Auseinandersetzung mit Stanislawski. Es wird sich zeigen, daß er mit dessen ›Spätwerk‹, mit dem Strasberg so gar nichts anzufangen weiß, in weiten Teilen übereinstimmt. Er benutzt ihn als Gegenpol und vereinnahmt seine Methoden der Einfühlung als Teil der eigenen Probenarbeit. Stets aber wendet er sich dagegen, daß durch Einfühlung die ganze Person erfaßt werde. »Es muß [...] noch etwas dazu kommen, nämlich die Einstellung zur Figur, in die ihr euch einfühlt [...].«[78] Diese Einstellung ist nur durch jene Distanz zu erreichen, die oben durch die verschiedenen Haltungen beim Probieren charakterisiert wurde. Das Signum von Brechts Arbeit ist stets die »gesellschaftliche Einschätzung«[79] der Figur.

Bisher wurde vor allem vom »Ausprobieren« gesprochen, von den Möglichkeiten, die der Schauspieler im ›Experimentierfeld‹ der Proben hat. Wie aber wirkt die brechtsche Figur auf der Bühne, bei der Aufführung? Wie kommen die einzelnen Elemente da zusammen? Wie wirken sie auf den Zuschauer?

Brechts Inszenierungen unterstehen dem komplexen Begriff des »Verfremdungseffekts«, des sogenannten V-Effekts. »Eine verfremdende Abbildung ist eine solche, die den Gegenstand zwar erkennen, ihn aber doch zugleich fremd erscheinen läßt.«[80] Mit dieser lakonischen Formulierung scheint etwas Unmögliches verlangt. Erkennen und Fremdsein widersprechen sich. Sie widersprechen sich, solange man in den Kategorien des ›alten‹ Illusionstheaters denkt. Der Schauspieler, der den Gesetzen der Einfühlung folgt, versucht ja, sämtliche Momente der Trennung zu überwinden und alles Fremde auf dem Weg der Verschmelzung mit der darzustellenden Person zu eliminieren. Die Figur auf der Bühne soll schließlich als etwas Natürliches, Selbstverständliches erscheinen. Das Selbstverständliche aber wird von Brecht aufgebrochen. Im alten »dramatischen Theater« »wird der Mensch als bekannt vorausgesetzt«, Brecht hingegen will ihn auch auf der Bühne als »Gegenstand der Untersuchung« sehen.[81] Der Verfremdungseffekt, durch den der »Gegenstand [zu] erkennen, [...] aber zugleich fremd« ist, verlangt vom Schauspieler, immer wieder aus seiner Rolle herauszutreten. Denn: »Er ist nicht Lear, Harpagon, Schweijk, er zeigt diese Leute.«[82]

Jenseits aller theoretischen Aspekte sieht Brecht dafür eine ganz simple Grundlage. Als einer Schauspielerin vorgeworfen wurde: »Sie war nicht die Fischerfrau, sie spielte sie nur«, antwortet

Brecht, indem er das Theater auf seine Grundvoraussetzung zurückbringt: »Aber sie ist doch wirklich keine Fischerfrau. Sie spielt sie doch wirklich nur.«[83]

Akzeptiert man das Spielen als Grundlage des Theaters, wird der V-Effekt zu einer normalen Angelegenheit: Der Schauspieler spielt die Figur und weist zugleich auf die Realität des Spielens hin, indem er immer wieder aus seiner Rolle heraustritt.

In diesen komplexen Vorgang wird der Zuschauer integriert. »Dieses Aug-in-Aug, dieses ›Gib acht, was der, den ich dir vorführe, jetzt macht‹, dieses ›Hast du es gesehen?‹, ›Was denkst du darüber?‹«[84] ist Grundlage des V-Effekts und bezieht den Zuschauer ins Spiel ein.

Wenn Brecht vom »Gestus des Zeigens«[85] spricht, geht es um die existentielle Haltung seines Schauspielers. Ein Vorbild ist das chinesische Theater. Brecht hat bemerkt, daß der chinesische Schauspieler eine Art Verfremdungseffekt erreicht, indem er »seine eigenen Gesten sichtbar beobachtet«[86]. Einfühlung ist da ausgeschlossen. Wenn der Schauspieler seine Aktionen, während er sie ausführt, beobachtet, kann er nicht im Sinn haben, »sich selber und das Publikum in Trance« zu versetzen.[87]

Das Beispiel des fernen China motiviert die Kriegserklärung an das alte Illusionstheater: »Um V-Effekte hervorzubringen, mußte der Schauspieler alles unterlassen, was er gelernt hatte, um die Einfühlung des Publikums in seine Gestaltungen herbeiführen zu können. Nicht beabsichtigend, sein Publikum in Trance zu versetzen, darf er sich selber nicht in Trance versetzen.«[88]

Im Hintergrund wieder das Bild des modernen Ingenieurs in einer sich verändernden und veränderbaren Welt. Im Bruch zwischen dem Erkennen eines Gegenstandes und der Akzeptanz seiner Fremdheit taucht die Idee einer mobilen Gesellschaft auf, in der die Kunst zur Veränderung auffordert und das Bewußtwerden der Veränderbarkeit zum Vergnügen wird. Wenn es gilt, »die Welt so zu zeigen, daß sie wandelbar wird«[89], muß die »Trance« der Einfühlung ausgeschaltet werden.

Brecht bietet dem Schauspieler die verschiedensten Möglichkeiten, sich mit der neuen Lage anzufreunden. So wirft er dem traditionellen Schauspieler vor, daß er »schon verwandelt« vor den Zuschauer tritt, während in seinem, Brechts, Konzept, der Schauspieler den Moment des Sichverwandelns bei der Aufführung nicht unterschlagen soll. Brecht ermutigt ihn, »die Art, wie er selber zur Kenntnis der Figur kam, für den Zuschauer« sichtbar zu machen und sich »vor [dessen] Augen zu verwandeln«.[90] Die »Techniken« des Probierens werden Teil der Aufführung. Brecht definiert eine ganze Reihe dieser Techniken ausdrücklich als Spielmöglichkeiten:

In einer Inszenierung der MUTTER COURAGE spricht Helene Weigel »die Sätze so, als seien sie eigentlich in der dritten Person verfaßt«[91]. Die Mutter Courage gehört zu den Figuren, die den Zuschauer geradezu zur Identifikation, zur Einfühlung einladen. Durch ihren »Trick« beugt die Weigel dem vor, stellt »dem Zuschauer offen die Person vor, die er nunmehr als handelnde und zu behandelnde einige Stunden lang sehen würde«[92].

Als bloße Technik, die den Schauspieler immer wieder aus seiner Rolle herausnimmt, hat der V-Effekt bestenfalls eine belustigende, komische Funktion. Für Brecht aber entspricht diese Technik einem anderen Menschentyp, dem Menschen seiner Zeit, der die ihm innewohnenden Widersprüche nutzt und sie in Veränderung und Mobilität ummünzt. Brecht sieht seine Figuren nicht als künstliche Wesen. Ihre Widersprüchlichkeit und Komplexität fordern, daß sein »Schauspieler vielleicht noch einen längeren Atem haben [muß] als der alte Protagonist, denn er muß imstande sein, seinen Typus trotz oder besser vermittels der Brechungen und Sprünge als einen einheitlichen vorzuführen«[93].

Wenn das Menschenbild in Strasbergs Arbeit dazu tendierte, ausschließlich ein Bild vom Künstler zu sein, so hat Brecht die Auflösung und die Umkehrung dieser Fixierung im Blick: Der Künstler soll ein komplexes, veränderbares Menschenbild zeigen.

In jeder Phase seiner Arbeit, bei der Probe und während der Aufführung, wird der brechtsche Schauspieler sich selbst zum Objekt, da die Grenzen zwischen Kunst und Alltag nicht geleugnet, sondern in den künstlerischen Prozeß integriert werden.

Der V-Effekt ist das Mittel, eine Einheit der Person vorzuführen, die die alte Unität von Darsteller und darzustellender Person überschreitet: »Echte, tiefe, eingreifende Verwendung der Verfremdungseffekte setzt voraus, daß die Gesellschaft ihren Zustand als historisch und verbesserbar betrachtet.«[94]

Der Begriff des Historischen ist für das Theater von besonderer Bedeutung. Theater entsteht meist nicht ›im Moment‹, nicht improvisatorisch, sondern hat mit Texten zu tun, die vorliegen, also ›historisch‹ sind im Verhältnis zur gegenwärtigen Behandlung. Das gilt für zeitgenössische Texte ebenso wie für ältere Texte.

Dem Historischen wohnt das Prozeßhafte inne, das im Vergehen der Zeit Zuschauer und Schauspieler von den sogenannten ›ewigen Werten‹ löst, die angeblich von der Kunst vertreten werden. Brechts gesellschaftliche Grundlage ist unabdingbar mit einer historischen Auffassung verbunden, also mit der Auffassung von Kunst und Leben als etwas, was sich prozeßhaft entwickelt. Der Künstler ist nicht länger die Person, in dem sich die historischen Perspektiven gleichsam wie in einem göttlichen, ›genialen‹ Brennpunkt auflösen. Das Prinzipielle überträgt sich auf den konkreten Fall in der Auseinandersetzung mit dem vorliegenden Text.

Einmal läßt Brecht einen Schauspieler fragen: »Sollen wir nicht das immer gleichbleibend Menschliche zeigen?«[95], und er antwortet: »Indem man zeigt, was damals anders war als heute, und den Grund andeutet«, soll man zeigen, »wie aus dem Gestern das Heute wurde«.[96]

Das Prinzip des Historischen gilt für die Adaption des Werks und für die Auffassung der Rolle. Die Distanz, die der Schauspieler beim Probieren der Rolle eingeübt hat, ist auf den Umgang mit dem vorgegebenen Text zu übertragen. »Der Schauspieler soll die Welt nicht mit der des Dichters ganz und gar identifizieren. Er mache einen Unterschied zwischen seiner Welt und der des Dichters, und er zeige den Unterschied.«[97]

Da die Welt des Dichters in jedem Fall in einer bestimmten historischen Situation angesiedelt ist, hat der Schauspieler die Chance, von seinem Standort aus Distanz herzustellen und dadurch ganz bewußt etwas Neues vorzuführen. »Durch den Gang der Geschichte Überholtes und Überholbares [...] ist der Kritik vom Standpunkt der [...] darauffolgenden Epoche aus unterworfen. Die ständige Entwicklung entfremdet uns das Verhalten der vor uns Geborenen. [...] Der Schauspieler hat diesen Abstand [...] zu nehmen. Er hat uns diese Vorgänge und Personen zu verfremden.«[98]

Brecht macht Schluß mit dem Glauben an die werkgetreue Aufführung. Die Idee Strasbergs, sich in eine vergangene Epoche einzufühlen, ist ihm ganz fremd.

Die Distanz eines heutigen Schauspielers zu einer historischen Figur soll zum Teil der Rolle werden. Es darf »nicht der Eindruck entstehen, als hätte eine Übereinkunft in einer fernen Zeit stattgefunden, nach der hier zu einer bestimmen Stunde ein Vorgang unter Menschen ablaufen sollte, als passiere es eben jetzt«[99].

Mit der Distanz zum Vergangenen wird nicht zuletzt die aktuelle alltägliche Realität des Schauspielers gerettet, die der Kunst nicht geopfert, sondern in den künstlerischen Prozeß integriert wird. »In lebendiger Darstellung zeigt er die Geschichte seiner Figur, mehr wissend als diese, und das Jetzt wie das Hier nicht als eine Fiktion [...].«[100]

Die Geschichte der Figur – das ist nicht nur die Entwicklung

*Stöckelschuhe.* Elisabeth Endriss in *Prinzenbad*

*Wut.* Axel Milberg in *Die 1003. Nacht*

*Hut.* Hannelore Schroth in *Sicaron*

*Schwindel.*
Adelheid Arndt in *Die Heiratsschwindlerin* (mit D. Mössmer)

*Leinwand.* Rosel Zech in *Herz mit Löffel*

*Handtasche.* Olivia Grigolli in *Kleine Liebe, große Liebe*

*Uniform.* Rafael Klachkin in *Friedliche Tage*

*Geheimnis.* Katharina Thalbach in *Friedliche Tage*

*Südsee.* Ulrich Wildgruber in *Prinzenbad*

*Schraubenschlüssel.* Bernhard Wicki in *Prinzenbad*

*Beschränkung.* Marianne Hoppe in *Ich bin Elsa*

*Inneres.* Branko Samarovski und Katharina Thalbach
in *Friedliche Tage*

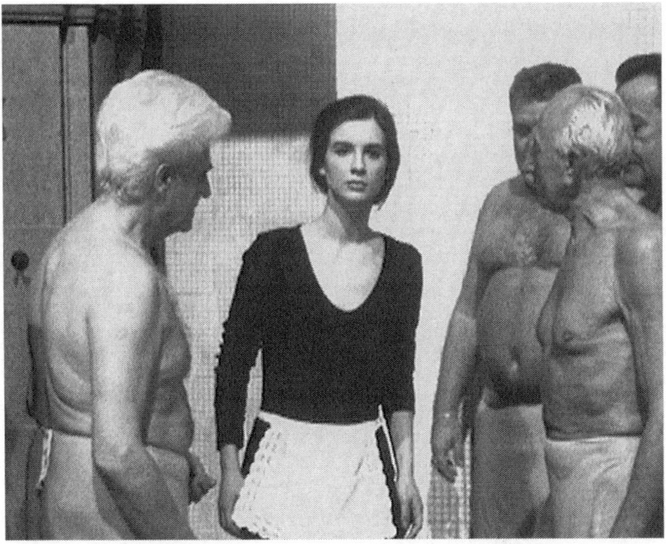

*Glückstag.* Ekaterina Strishenowa in *Prinzenbad*

*Indianer.* Nicolai Lugowoi in *Aida Wendelstein*

*Cadillac.* Ortrud Beginnen in *Die Queen von Platte 8*

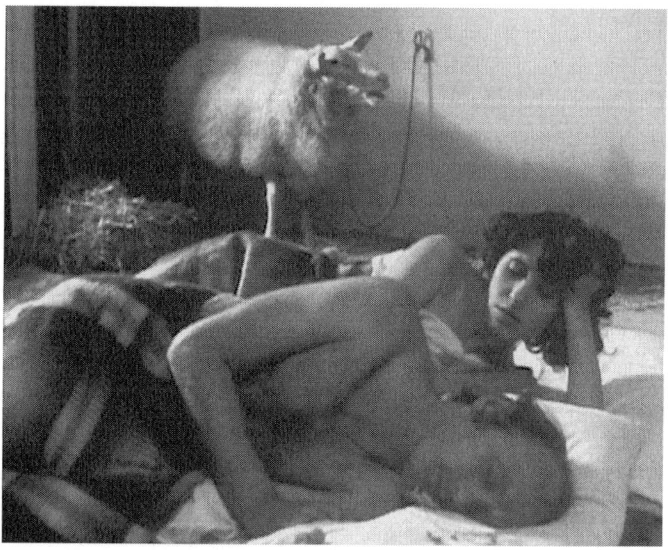

*Bettdecke.* Brigitte Karner in *Das Hausschaf*
(mit G. Meyer-Goll)

der Rolle, sondern mehr noch der Prozeß, in den man sich im Spannungsfeld zwischen damals und heute begibt. Selbst in einem historischen Kostüm wird der Schauspieler dem Zuschauer nicht die Illusion vermitteln, sich ungebrochen in eine vergangene Epoche zurückzuversetzen. »Das historisierende Abbild wird etwas von den Skizzen an sich haben, die um die herausgearbeitete Figur herum noch die Spuren anderer Bewegungen und Züge aufweisen.«[101]

Im Spannungsfeld, in dem die nicht einfühlbare, nicht eindeutige Person steht, fordert Brecht einen weiteren Schritt: Die Figur auf der Bühne soll dem Zuschauer den Weg öffnen, das Prinzip der Veränderung anzuerkennen, auch für sich und seine Zeit. »Wir brauchen Theater, das nicht nur Empfindungen, Einblicke und Impulse ermöglicht, die das jeweilige historische Feld der menschlichen Beziehungen erlaubt, auf dem die Handlungen jeweils stattfinden, sondern das Gedanken und Gefühle verwendet [...], die bei der Veränderung des Feldes selbst eine Rolle spielen.«[102]

Das Prinzip des Historischen markiert die Kluft zum ›alten‹ Theater. »Eine nüchterne Betrachtung des Stanislawskischen Systems fördert seinen kultischen Charakter zutage.«[103] Kult und Mystik sind an die Kategorie des Überzeitlichen gebunden, mit der die alte bürgerliche Kunstauffassung immer noch in die Theater und Kunsttempel lockt: »Priestertum der Kunst«, »menschliche Seele«, »Gemeinde«, »Zuschauer in den Bann gezogen«, »Schauspieler, Diener der Kunst.«[104]

Obwohl Strasberg mehrmals einen historischen Abriß der Schauspielkunst versucht, ist in seinen Äußerungen wenig von Distanz und historischem Bewußtsein zu merken. Wie der Darsteller mit der darzustellenden Figur, so verschmelzen die Personen der Historie mit dem Autor Strasberg, münden in ihn, den Vollender der Geschichte der Schauspielkunst.

Der Begriff des Historischen schließt die Vollendung aus. Sie kann allenfalls utopisches Ziel sein, in dem das Historische endet. Nun müßte man Strasbergs Verständnis des Historischen nicht wirklich ernst nehmen, wenn es nicht unmittelbar auf die Arbeit des Schauspielers abfärben würde. Es geht dabei nicht einmal um das fragwürdige Versprechen, der Schauspieler könne sich im Vertrauen auf sein Inneres gar in eine entfernte Epoche einfühlen, sondern um das geschichtslose, idealisierte Bild des Künstlers: Der entscheidende Schritt ins Ahistorische ist bei Strasberg die Eliminierung der alltäglichen Existenz im ›Kosmos der Kunst‹. Das Potential an Entwicklung und Veränderung, das für jeden einzelnen Schauspieler im alltäglichen Leben und in seinem Zusammenspiel mit dem künstlerischen Beruf liegt, bleibt ungenutzt, wird obsolet angesichts der dominierenden Idee von der zeitlosen Kunst.

Im Blick auf die Bedeutung des historischen Prinzips ist Brechts Bezeichnung »episches Theater« zu verstehen, das er gegen das alte »dramatische Theater« setzt. Das Epische hat eine erzählende Struktur, während das Drama Vergangenes unmittelbar vergegenwärtigt, so tut, als finde das Geschehen ›jetzt‹ statt. Einmal bringt Brecht die beiden Begriffe direkt in Zusammenhang: »Die Anwendung dieser epischen Prinzipien ermöglicht es vor allem, den dargestellten Vorgängen einen historischen Charakter zu verleihen. Das ist von außerordentlicher Wichtigkeit. Hiervon hängt es ab, ob das Theater aus der leeren Widerspiegelung herauskommt und wieder in das kulturelle und politische Leben eingreifen kann [...].«[105]

Brecht sieht seine Antipoden im ›frühen‹ Stanislawski und in dessen Adepten, die das Werk des Russen versimplifizieren. Der ›späte‹ Stanislawski hingegen scheint für ihn wie gemacht. Da stellt der Russe seine ›frühen‹ Theorien nämlich geradezu vom Kopf auf die Füße. Der Primat des inneren Einlebens in die Figur wird gebrochen, und die Arbeit des Schauspielers wird mehr und mehr geleitet von äußeren Dingen, von ›physischen Handlungen‹.

Der Münchner Schauspieler Axel Milberg erzählte mir von seinem Entree in den erlesenen Kreis der Kammerspiel-Akteure. Bei der ersten Probe versuchte er vergeblich, durch die verschiedenen Formen der inneren Erinnerung das Gefühl von Wut und Zorn zu erreichen. Als nichts geschah, das Gefühl sich nicht einstellen wollte und die Probe stockte, sagte eine ältere, erfahrene Kollegin, Conny Froboess: »Hau mal auf den Tisch, daß es kracht, dann geht's weiter!« Er haute also auf den Tisch, daß es krachte, und wie von selbst stellte sich das Gefühl von Zorn und Wut ein, das er im Sinn hatte.

Brecht setzt auf diese äußere Form der Motivation: »Stanislawskis Theorie der physischen Handlungen ist vermutlich sein bedeutendster Beitrag zum neuen Theater. Er arbeitete sie aus unter dem Einfluß des Sowjetlebens und seiner materialistischen Tendenzen.«[106]

Aus heutiger Sicht würde ich, mit Verlaub, das »materialistisch« stehenlassen, den »Einfluß des Sowjetlebens« aber streichen – und zwar mehr noch in bezug auf Brecht als auf Stanislawski. Brechts Anschauung des Materiellen hat ebensowenig wie seine Einlassungen zum Prinzip des Historischen etwas zu tun mit einer verkrusteten, ideologisierten leninistischen Theorie.

Mit seiner Auffassung des Historischen verwahrt sich Brecht gegen jede starre Ideologie, fordert Mobilität und Veränderung. Aus der gleichen Intention lehnt er den stets harmonisierenden ›inneren‹ Weg ab, setzt auf die physischen Handlungen, das Körperliche, auf den Umgang mit Material. Ein formalisierter, ›wissenschaftlicher‹ Materialismus scheut Widerspruch, Veränderung, Mobilität und hat keinen Platz für Brechts »Ingenieur«.

Brecht hatte wohl nicht im Sinn, den alten Stillstand des konservativen Theaters durch die Immobilität einer kodifizierten Ideologie zu ersetzen.

Es erscheint wie eine Paraphrase zum jungen Marx der Pariser Manuskripte, wenn Brecht für seine Kunst das Verhältnis zwischen

Subjekt und Objekt offenläßt und dadurch mobil macht: Der Körper »darf nicht nur Objekt, er muß auch Subjekt der Kunst sein«[107]. Der junge Marx stand vor allem wohl deshalb auf dem Index der leninistischen Ideologen, weil er dem eingleisigen Postulat, die Umwelt und die Geschichte präge den Menschen, widersprach, indem er das Verhältnis zwischen Subjekt und Objekt offenließ, offen um der dialektischen Mobilität willen: Der Mensch bestimmt die Welt, und die Welt bestimmt ihn.

Brecht fordert, daß das Material, mit dem der Schauspieler umzugehen hat, die äußeren Dinge, also Gesten, Gänge, Körperhaltung, Kostüm, Requisiten, nicht von vornherein durch eine ›innere Übereinkunft‹ fixiert wird (›Ich bin geizig, also muß ich mich so oder so bewegen‹). Man soll schrittweise vorgehen und durch den Umgang mit äußeren Dingen, mit dem Material, allmählich auch das Innere der Person erschließen. Es klingt wie ein Manifest gegen jede ideologische Verkrustung, wenn Brecht schreibt: »Ein solches schrittweises Vorgehen ist besser als ein deduktives, ableitendes, das, von einer möglichst schnell, nach womöglich flüchtiger Durchsicht der Rolle gefaßten Gesamtvorstellung des darzustellenden Typus ausgehend, sozusagen hinterher sich in der Dichtung aus dem vorliegenden ›Material‹ die Belege und Gelegenheiten zur Entfaltung dieses Typus sucht. Auf solche Weise bleibt von dem ›Material‹ vieles unbenutzt […]. Vor allem aber ist diese Art, einen Menschen kennenzulernen, nicht zu empfehlen.«[108] Dieser geradezu rührende Verweis auf den alltäglichen Umgang der Menschen untereinander geht in eins mit einem allgemeinen antiideologischen Gesetz: »[…] es ist […] nicht erlaubt, […] von einer […] zentral scheinenden Vorstellung vom Ganzen auszugehen.«[109]

Damit trifft Brecht die Strasbergsche »Methode« im Kern. Es geht nicht um Schauspielunterricht und interessante Techniken, nicht um Kunst und Fragen der Darstellung, nicht um Theater oder

Hollywood, sondern um das Menschenbild, das der Künstler vermitteln kann in einer Gesellschaft, die alle Erstarrung abwerfen soll.

Es wird Brecht häufig vorgeworfen, er betreibe eine intellektuelle, rationalistische Zerstörung jenes »Ganzen«, das uns durch Kunst und Theater als letzte Bastionen des Humanen in einer Welt von Spezialisten vermittelt wird. Das Resultat sei intellektuelle Spielerei, die, ohne das illusionistische Moment der Einfühlung, jedes Gefühl ausschließe und deshalb kaltlasse.

Brecht betont, daß das Theater »eine Stätte der Unterhaltung«[110] ist. Die Unterhaltung aber ist in ihrer Art und Weise und in ihrer Funktion historischen Veränderungen unterworfen. Warum sollte sich der Zuschauer am Beginn des 21. Jahrhunderts denn auf die gleiche Weise unterhalten wie der des ausgehenden 19. Jahrhunderts? »Und die Vergnügungen der verschiedenen Zeiten waren natürlich verschieden, je nach der Art, wie da die Menschen gerade zusammenlebten.«[111] Brecht sieht darin die Forderung verborgen, stets aufs neue die Bedürfnisse des Zuschauers zu erforschen. Denn »müssen wir da nicht den Verdacht schöpfen, daß wir die speziellen Vergnügungen, die eigentliche Unterhaltung unseres Zeitalters noch gar nicht entdeckt haben?«[112]

Gegen den passiven Zuschauer, der sich einfühlt und identifiziert, setzt er einen aktiven Zuschauer, dessen Vergnügen in einer kritischen Haltung liegt, die Gefühl und Emotion nicht ausschließt. In der Dialektik zwischen Gefühl und Intellekt wird der Prototyp des Ingenieurs auch Vorbild für den Zuschauer: »Es ist eine Lust unseres Zeitalters, das so viele und so mannigfache Veränderungen der Natur bewerkstelligt, alles so zu begreifen, daß wir eingreifen können. Da ist viel im Menschen, sagen wir, da kann viel aus ihm gemacht werden. Wie er ist, muß er nicht bleiben; nicht nur, wie er ist, darf er betrachtet werden, sondern auch, wie er sein könnte.«[113]

Gerade in seiner neuen Methode sieht Brecht den Weg, »lebendige Menschen darzustellen«[114], »nicht trotz, sondern dank unserer Prinzipien«[115].

Der Zuschauer des Brechtschen Theaters soll seine Emotionen ebensowenig verleugnen wie seinen Verstand und sein kritisches Potential. Brecht will mit seinem Theater »die Kinder des wissenschaftlichen Zeitalters [...] unterhalten, und zwar in sinnlicher Weise und heiter«[116]. Voraussetzung dafür ist die Abstinenz von durchgehender illusionärer Einfühlung in das Gebotene. »Nicht nahekommen sollten sich Zuschauer und Schauspieler, sondern entfernen sollten sie sich voneinander. [...] Sonst fällt der Schrekken weg, der zum Erkennen nötig ist.«[117]

Im MESSINGKAUF wirft der Dramatiker dem Philosophen vor: »Diderot [...] hat gesagt, das Theater solle der Unterhaltung und der Belehrung dienen. Mir scheint, daß du das erste streichen willst.«[118] Die Antwort lautet: »Ihr habt das zweite gestrichen. Eure Unterhaltungen haben nichts Belehrendes mehr.«[119] Im »Belehrenden« aber sieht Brecht ein großes ungenutztes Potential an Vergnügen, wenn man »eine kritische, eventuell widersprüchliche Haltung«[120] einnimmt.

Gewöhnlich sagen Theaterleute über Brecht: »Das ist ja alles schön und gut, und sein Theater war wunderbar. Aber imitieren kann man das nicht. Er hat seinen persönlichen Stil entwickelt. Er ist einmalig, ein großartiger Künstler.«

›Stil‹, ›Künstler‹, ›Kunst‹. Brecht würde einen zweiten Tod sterben, wenn er hören könnte, in welche Ecke man ihn zurückholt! Aber liegt diese für ihn furchtbare Einordnung nur an den bürgerlichen Rezipienten?

Ich habe mich immer wieder gefragt, warum man das faszinierende Bild des Ingenieurs nicht stärker übernommen hat. Probieren, experimentieren, neugierig sein – zumindest für Ausbildung und Probe ein faszinierendes Konzept!

Brecht würde sich vehement dagegen wehren, seine Methode nur im Vorfeld des Theaterabends zu benutzen. Sein neues, anderes Menschenbild ist umfassender, integriert die Aufführung und zielt über den Theaterabend hinaus auf den gesellschaftlichen Alltag von Künstler und Zuschauer.

Brecht meint das Ganze, auch wenn er auf die Details und den Widerspruch setzt. Fast.

Sein Ingenieurbild hat eine Schwachstelle. Der neue, moderne Mensch, der Ingenieur, untersucht alles, stellt alles in Frage, nur sich selbst nicht. Und da kommt man schließlich doch nicht umhin, das große leninistische Buch aufzuschlagen und das vergilbte Photo vom sozialistischen Funktionär anzuschauen, der darüber wacht, wie die Welt fortschreitet, sich ändert, funktioniert, ohne dabei der Entwicklung seiner eigenen Person irgendwelche Beachtung zu schenken.

Brechts Ingenieur verbleibt im hierarchischen Bereich jener Menschheitsbildner, die es besser wissen. Seine Anschauung von Kunst und Theater nämlich hängt an einem Ideal, das im gesellschaftlichen Alltag nicht realisiert wird und nur im Bereich der ›Kunst‹ existiert. Er setzt immer wieder auf die Wechselwirkung zwischen Kunst und Alltag und idealisiert dabei den Alltag, auf daß er zum Kunststück werde. »Das ist«, würde Brecht wohl sagen, »die bürgerliche Katastrophe des sozialistischen Künstlers.«

Manchmal denke ich, Brecht habe von dem wahren Ingenieur geträumt, der jeden Ganzheitsanspruch und den Glauben an eine Ideologie aufgibt. Seine Fähigkeit, mit der Arbeit auch sich selbst in Frage zu stellen, hält ihn geistig beweglich, offen für den Alltag. Hat er einen Platz in der Kunst? Welches Menschenbild kann ihm entsprechen?

## SCHAUSPIELER 3: SEIN MIT BESCHRÄNKUNG

Manchmal hat man es satt, über Material, Seele, Körper, Geist zu reden, und sagt sich: Ist der Schauspieler nicht eine Person? Also was gebe ich mich dauernd mit Teilaspekten ab? Gut, nehmen wir die Person als Ganzes! Und gleich stehen neue Fragen ins Haus: Der Alltag ist nicht die Bühne, nicht der Film, und wie verhält sich die Person in diesen Bereichen, die nicht identisch sind? Was ist ›eine Person als Ganzes‹?

Marianne Hoppe machte mich auf einen Aspekt aufmerksam, den ich vorher nicht bedacht hatte. Die Hoppe ist außerordentlich klar im Kopf, hat ein umfangreiches intellektuelles Wissen und die seltene Gabe einer exakten, kühlen Selbsteinschätzung. Als Hannelore Schroth 1987 gestorben war, versuchte ich Marianne Hoppe für eine Rolle zu gewinnen. Sie hat mit fortschreitendem Alter nur noch wenig gedreht und galt als sehr wählerisch.

Sie kam in mein Haus, um sich fünf Stunden lang meine Filme mit ihrer verstorbenen Kollegin anzuschauen. Dann sagte sie: »Ich mache die Rolle, okay.« Als ich mein Entzücken äußerte, unterbrach sie mich: »Aber glauben Sie nicht, daß ich das leisten kann, was die Schroth da bei Ihnen macht!«

Ich war verblüfft. Etwas ratlos erinnerte ich sie daran, daß sie immerhin als die bedeutendste deutsche Schauspielerin der Nachkriegszeit gelte. Sie schien das überhört zu haben, dachte eine Weile nach und sagte dann: »Sie müssen in Ihrem Buch etwas ändern. Streichen Sie alles, wo ich deprimiert oder traurig sein soll!« Ich glaubte, mich verhört zu haben, und antwortete nichts. »Ich kann es nicht«, sagte sie. »Aber gnädige Frau, Sie haben unter Gründgens, in Düsseldorf, auf der Bühne …«

»Die Bühne«, unterbrach sie, »hat nichts mit Film zu tun, rein gar nichts! Auf der Bühne kann ich allerhand darstellen, deklamieren, spielen – aber Film!, da merken Sie doch zumindest bei jeder Großaufnahme, ob einer etwas vortäuscht oder nicht! Im Film muß ich das, was ich spiele, immer auch sein.«

Mir verschlug es die Sprache, und als ich nichts sagte, insistierte sie: »Ich bin weder traurig noch deprimiert. Das mag ein Mangel sein oder ein Tick, aber ich bin es nicht, niemals, basta!«

Ihr Geständnis der Unvollkommenheit war für mich wie eine Offenbarung. Wenn man eine Person, wenn man ihr Sein nicht als theoretische Größe nimmt, sondern in der Realität beläßt, dann ist ihre Vollkommenheit gekoppelt an eine Beschränkung.

Damit ist kaputt, vernichtet, endlich eliminiert die Illusion vom omnipotenten künstlerischen Genie, das in seinem geschlossenen Kunstkosmos nach Vollkommenheit strebt. Hoppes Beschränkung im künstlerischen Bereich beruht auf der realistischen Einschätzung ihrer persönlichen Möglichkeiten. Mit ›Sein‹ meinte sie ihre Existenz im Alltag, die sie für ihre Arbeit im Film als unabdingbare Voraussetzung sieht.

Für den Regisseur ergibt sich daraus die Maxime: Ich darf bei der Filmarbeit nichts vom Schauspieler verlangen, was er nicht kann, weil er es nicht ist.

Die Zeit der Vorbereitung für FRIEDLICHE TAGE (1983) brachte meinen Produzenten Manfred Korytowski zum Verzweifeln. Er mußte mir nämlich vier ›überflüssige‹ Reisen von München nach Berlin zahlen, zwei weitere zahlte ich selbst, um Prügelstrafe zu vermeiden.

Was den Produzenten in Rage versetzte, war die Tatsache, daß ich die ersten Reisen, anstatt mit Frau Thalbach ›an der Rolle zu arbeiten‹, dazu nutzte, die Aktrice bei einem Einkauf in den Supermarkt zu begleiten oder ihre Tochter Anna von der Schule abzuholen.

Unmittelbar danach flog ich wieder nach Hause zurück. Das geschah nicht aus Zeitmangel, sondern weil ich durch diese kurzen, isolierten Ereignisse etwas über die Thalbach erfahren konnte. Wie durch ein Brennglas hatten sich in meiner Erinnerung eingeprägt: ihre Bewegungen, ihre Art, zu gehen, Dinge anzufassen, ihre grausame Kunst, das Auto immer auf dem kürzesten Weg ans Ziel zu bringen, und ein Stück ihrer geradezu unverschämten, die meisten Männer ängstigenden Intelligenz.

Als wir uns dann später an die Rollenarbeit machten, war ich sicher, durch die kurzen Treffen in alltäglicher Umgebung mehr über sie erfahren zu haben, als es in irgendwelchen Vorgesprächen über die Arbeit möglich gewesen wäre.

In alltäglichen Begegnungen mit den Schauspielern lerne ich etwas darüber, wie sie sind. Das ist ein großes konzentriertes Vergnügen, immer abgesichert durch den Hintergrund der Arbeit, den Blick auf das Drehbuch, das es zu realisieren gilt.

Manchmal gebe ich Laien oder Komparsen eine kleine Rolle. Sie schauspielern dann nicht, sondern sind der Mensch, den ich für die Rolle brauche. Wenn man zum Beispiel eine Szene in einem Metzgerladen dreht, wird man schwerlich einen Besseren für die Rolle des Metzgers finden als einen Metzger. Natürlich muß man ihn sorgfältig aussuchen. Er muß die Fähigkeit haben, sich vor der Kamera genauso zu bewegen, wie er es normalerweise tut. Das ist aber viel leichter zu erreichen, als einem Schauspieler das Metzgerhandwerk beizubringen.

Komplizierter ist die Lage bei Komparsen, weil sie dazu tendieren, zu schauspielern, wenn sie endlich einmal eine Rolle haben.

Es ist unabdingbar, sie privat kennenzulernen und sie in vertrauter Umgebung zu beobachten. Beim Drehen wird man sie immer wieder auf die Bewegungen und Haltungen zurückführen, die man an ihnen im Alltagsleben beobachtet hat. Auf diesem Weg habe ich Freundschaften geschlossen. Ich hatte Einblick in wundersame Wohnungen, die mir normalerweise verschlossen geblieben wären.

Den russischen Komparsen Nicolai Lugowoi lernte ich kennen, als er schon über siebzig war. Er spielt in vielen meiner Filme mit. Er war eine großartige Person, die in allen Verkleidungen ihre Identität bewahrte.

Als ich ihn das erste Mal in seiner Wohnung in der Münchner Au besuchte, öffnete ein Indianer die Tür: Sitting Bull in Kriegsbemalung, mit Federschmuck und einem Kostüm aus Wildleder. Ich wollte schon wieder gehen, mich abwenden, davonlaufen, als ich merkte: Das war der alte Russe, der da in der Tür stand.

Er bat mich in seine Wohnung. Ich folgte ihm durch einen breiten Gang, der vollgestopft war mit alten Zeitungen, Flaschen, Möbelstücken. Hier wohnten noch zwei Parteien, und Lugowois Wohnung war ein Zimmer von vielleicht acht Quadratmetern, ohne Wasser, ohne Heizung. Der russische Sitting Bull bat mich, auf dem einzigen Stuhl Platz zu nehmen. Ich blieb stehen. Ich war umgeben von Tausenden von Figuren, kleinen Figuren aus Zinn. Die hatte Lugowoi zu lebenden Bildern zusammengestellt: russische Szenerien und Szenerien aus Opern oder ›Kopien‹ von bekannten Gemälden. Lugowoi selbst hatte sie bemalt. Er verstand etwas von Kostümkunde, und in seinem Schrank hingen allerlei Kleider aus vergangenen Zeiten.

Seine Lebensgeschichte war derart zerfranst, daß nichts übriggeblieben war außer ihm selbst inmitten seiner Zinnfiguren und seiner Kostüme, die ein Hinweis waren auf die Verkleidungen, die ihm das Leben abgefordert hatte.

Wenn ich irgendeinen Mann seines Alters brauchte, nahm ich ihn. In allen Rollen, in allen Kostümen, war er präsent als Nicolai Lugowoi.

Von seinen ›großen‹ Kollegen, den gelernten Schauspielern, wurde er mit Respekt behandelt. An seinem letzten Drehtag bei AIDA WENDELSTEIN trat er an den Tisch, an dem ich mit Hannelore Schroth, Philip Arp und Heidy Forster zu Mittag aß. Er verbeugte sich und sagte: »Ich möchte mich von Ihnen verabschieden. Ich leide an einer Krebserkrankung, ich sterbe bald.« Alle erhoben sich und verbeugten sich, als sie ihm ihre Hand gaben. Er lebte dann noch ein paar Jährchen und spielte noch ein paar schöne kleine Rollen. Das klingt recht anekdotisch, hat aber viel zu tun mit Hoppes Forderung, darauf Rücksicht zu nehmen, was und wie der Schauspieler ist.

Wenn ein Schauspieler in einem Film etwas falsch macht, schlecht macht, dann ist das primär ein Problem des Regisseurs. Er hat nicht herausbekommen, was der Schauspieler kann und was er nicht kann.

Nur in den seltensten Fällen ist ein Schauspieler wie die Hoppe in der Lage, etwas abzulehnen, was ›zur Rolle‹ gehört. Meist erliegt er dem zu seinem Image gehörenden Glauben, quasi von Berufs wegen Gefühle, Haltungen, Bewegungen abrufen zu können, wie es die Rolle erfordert.

In SICARON hatte ich eine Szene geschrieben, in der Hannelore Schroth tanzen sollte: ein Hotelzimmer, ein Besucher, der in sie verliebt ist. Sie sollte sich um sich selbst drehen, tanzend, ganz in sich verschlossen. Wir hatten die Szene im Vorfeld nicht groß besprochen. Später erinnerte ich mich, daß die Schroth immer darüber hinweggegangen war. Und ich war mir sicher gewesen, daß das bißchen Tanzen für sie, die ja auch Boulevard gespielt und Platten besungen hatte, kein Problem wäre.

Als wir das Licht für die Szene gesetzt hatten, war Hannelore noch nicht fertig mit Maske und Kostüm. Ich hatte ein ungutes Gefühl, wartete ab, holte sie nicht, ließ sie auch nicht holen. Wir warteten, warteten lange. Unruhe im Team. Endlich erschien sie, und wir probten die ersten Gänge im Motiv. Plötzlich merke ich, viel zu spät, daß sie das falsche Kostüm trägt, den falschen Schmuck und daß die Maske nicht stimmt. Ich halte an, lasse die Kostümbildnerin kommen, die Maskenbildnerin. Geschrei, Schuldzuweisungen.

Die Schroth hatte wider besseres Wissen und im Streit mit der Masken- und Kostümbildnerin darauf bestanden, ›falsch‹ hergerichtet zu werden. Mehr Geschrei. Zusammenbruch der Hauptdarstellerin, Drehschluß, Vertagung.

Während auf dem Set die Veränderung des Drehplans debattiert wurde, geleitete ich die Schroth in ihr Zimmer. »Schlafen, schlafen«, sagte sie und hing halb ohnmächtig an meinem Arm. Mit einem Mal bleibt sie stehen, schaut mich böse an und sagt: »Ich kann nicht tanzen!« – »Du mußt nicht tanzen«, sage ich, »wenn du nicht tanzen kannst, mußt du doch nicht tanzen!« Sie sagt: »Du hast das geschrieben. Jeder kann tanzen. Ich kann nicht tanzen. Ich kann tanzen, aber ich will nicht tanzen.« Am folgenden Tag drehten wir die Szene ohne Tanz, das heißt, die Schroth macht zwei, drei tanzähnliche Schritte. Sie ist glücklich, die Szene ist gut.

Bei Liebesszenen, in denen die Protagonisten sich entblößen sollen, ist die Frage, was einer kann und was er nicht kann, von großer Bedeutung. Es kann einer, der nackt ist, ganz natürlich wirken und ein anderer, der nur ein Stück Haut zeigt, das er im Grunde nicht zeigen will, verklemmt.

Ich finde es gräßlich, daß in Verträgen mit amerikanischen Darstellern, wie mit Elisabeth Schofield für PRINZENBAD, vertraglich fixiert wird, ob die rechte oder linke Brust und ob sie zur Hälfte oder ganz gezeigt wird. Wichtig ist, sich vor dem Drehen einig zu werden, was möglich ist und was nicht, was der Schauspieler sein kann und was nicht. Alles andere wirkt im Film obszön, fehl am Platz.

In einem meiner ersten Filme, DAS HAUSSCHAF, lernte ich viel. Erst kurz vor dem Drehen der Szene, in der die junge, hochbegabte Brigitte Karner mit ihrem Rollen-Ehemann Georg Meyer-Goll auf einer Matratze neben dem Hausschaf nächtigt, fragte ich sie: »Wie würdest du denn da schlafen, ich meine: Was hast du an?« Das Team stand dabei. Sie fühlte sich bemüßigt, mutig zu sein: »Na, nichts. Einen Slip vielleicht.« – »Dann mach es so.« Während wir drehen, ist sie stets bemüht, die Decke bis zum Hals zu ziehen. Ich habe mir lange vorgeworfen, sie nicht vor den Dreharbeiten gefragt zu haben, was sie in der Szene kann und will oder nicht kann und nicht will. Wir waren beide ziemlich neu in dem Geschäft, und alles war hier falsch, das heißt obszön: ihre Haltung und mein Verhalten. Wenn man vorher offen über Entblößen und Nacktheit redet, findet man immer einen Weg, es beim Drehen ›richtig‹ zu machen. Jeder darf nur so weit gehen, wie er kann, und keiner sollte anders sein wollen, als er ist.

Das ›Sein‹, die alltägliche Existenz der Personen, die im Film eine Rolle spielen, kann Einfluß auf das Drehbuch haben.

SICARON spielt in Israel. Neben Hannelore Schroth spielten israelische Schauspieler, unter anderen Avraham Ronai und der berühmte Raphael Klachkin, bis zu seinem Tod 1987 Star des Habima-Theaters. In einer Kritik der Süddeutschen Zeitung hieß es: Sie »agieren, als ginge es um ihr Leben«.

Es ging um ihr Leben! Bei dem Casting, das ich mit den Schauspielern in Tel Aviv hatte, fragte ich ganz selbstverständlich nach ihrer Biographie, und sie erzählten und hörten nicht auf zu erzählen von Deutschland und den Juden. Vieles davon findet sich im Film wieder. Durch meine Fragen und ihr Erzählen sind wir uns nahegekommen.

Es gehört zu meinen Sternstunden, daß Klachkin dann zum ersten Mal nach dem Krieg wieder nach Deutschland kam, um in

Friedliche Tage mitzuspielen. Und er spielt da einen greisen preußischen General, der von seiner Schlacht gegen die Franzosen erzählt! Er hat das getan, weil ich einen Teil seines Leben kannte. Ein jüdisches Leben und diese Rolle? Ja und nein! Zum Drehen brachte er alte Photos von polnischen Verwandten mit: Sie trugen deutsche Uniformen.

Klachkin selbst konnte nur so viel Deutsch, wie er im deutschsprachigen Kindergarten in Polen gelernt hatte. Den langen Monolog, den er im Film auf deutsch spricht, lernte er, phonetisch exakt, auswendig.

Einmal habe ich eine Biographie als Grundlage für ein Drehbuch genommen. Ortrud Beginnens Traum, einmal im offenen Cadillac durch das jämmerliche Wohnviertel zu fahren, in dem sie mit ihrer Mutter hauste, schlug sich nieder in ihrer Rolle als Queen von Platte 8. Da bezieht sie als Pennerin mit andern Pennern eine herrschaftliche Villa in Grünwald. Die Villa ist leer, die Herrschaften sind in Ferien, und Ortrud zelebriert, in Einklang mit der bescheuerten Millionärsnachbarschaft, das vornehme Leben, vor allem auf kulturellem Gebiet: Konzerte, selbst gespielt, Schubert-Quartett selbdritt, das heißt von drei Pennern gemimt, mit Playback, Abendkleid und Publikum …

»Im Film kann ich nur spielen, was ich auch bin.« Die Beschränkung, die mir Marianne Hoppe in bezug auf ihre Rolle auferlegte, kann für die Arbeit eine Bereicherung sein. Es ist die ganze Person gefragt. ›Ganz‹, das heißt: so, wie sie ist, nicht, wie sie sein will. Wenn aber zum Sein der Person die Beschränkung gehört, dann darf man es aufgeben, ein geschlossenes System zu suchen, in dem der Künstler sich bewegt. Der ›Kunstkosmos‹ Strasbergs und sämtliche Entwürfe, die eine in sich stimmige Erklärung der künstlerischen Existenz anstreben, sind nicht länger von Interesse.

Gefühl und Material, Kunst und Alltag, Vollkommenheit und Beschränkung – der Russe Konstantin S. Stanislawski hat in seiner Schauspielschule Erfahrungen gesammelt, die sich gegen eine schlüssige Systematisierung sperren und die Person des Schauspielers von dem Anspruch befreien, sich in einem theoretisch abgesicherten Kosmos zu bewegen. Stanislawski liegt historisch gesehen vor Strasberg und Brecht. Beide beziehen sich immer wieder auf ihn.

Sein Werk verstehen heißt nicht nur Tausende von Seiten lesen, sondern auch die Geschichte der Drucklegung studieren. Es ist nämlich immer wieder versucht worden, ein System in seine Aufzeichnungen zu bringen.

Wir armen Leser sehnen uns nach Resultaten, klaren Meinungen, Welt- und Menschenbildern. Wenn wir sie im Leben schon missen, wollen wir sie wenigstens in der Literatur haben oder in der Kunst.

Marianne Hoppes Rede von der Beschränkung aber zerstört die Illusion von einem abgeschlossenen Ganzen. Damit öffnet sich in der Beschränkung paradoxerweise der Blick in eine Vielfalt, die nicht durch die Idee der Vollkommenheit begrenzt und abgesichert ist: Das Sein einer Person ist vielfältig, unvollkommen und sprengt jenen Kosmos, den viele für die Kunst reklamieren.

## KONSTANTIN S. STANISLAWSKI

Zu Beginn – ganz im Sinne Stanislawskis – ein Stück praktischer Erfahrung:

1993 drehte ich in Budapest PRINZENBAD. Die weibliche Hauptrolle, die Kellnerin Lisa, wurde von der Moskauer Schauspielerin Ekaterina Strishenowa gespielt. Im letzten Teil des Films hat sie eine schwierige Szene: Sie erscheint im Männerbad und kommt ihrer Konkurrentin, der Frau ihres Geliebten, in einer Masse von feixenden, grölenden Männern zu Hilfe. Bis zu diesem Punkt erscheint sie als nette, freundliche, etwas kokette Person. Mit einem Mal ist von ihr etwas ganz anderes gefordert: Voll Wut, Haß, Verzweiflung beschimpft sie die Männer, die sie schließlich packen, zum Becken zerren und ins Wasser werfen.

Eine Viertelstunde vor der ersten Klappe fragt sie mich, wieviel Zeit sie noch habe, und zieht sich zurück.

Ich habe eine Menge mit dem Arrangement der Männermassen im Bad zu tun und beachte sie nicht weiter.

Dann probieren wir ihren Auftritt. Sie schiebt sich durch die Männerleiber in den Raum, bleibt stehen. Ihr Gesicht ist ganz verändert. Mir scheint, als habe sie vor Wut und Entsetzen verweinte, ja blutgeäderte Augen, als sie die Männer zu beschimpfen anfängt. Dabei sind die Augen nicht anders als vorher, und nur die Verwandlung in die psychische Lage der Figur erweckt den Anschein der körperlichen Veränderung.

Wir drehen sofort, weil ich fürchte, daß sie diesen Ausdruck nicht lange halten kann. Erste Klappe, halbnahe Einstellung. Dann der gleiche Auftritt in einer Totalen, in der ziemlich lange durchgespielt wird, bis sie im Wasser, schreiend und um sich schlagend, sich gegen die Männer zur Wehr setzt. Ende. Patschnaß kommt sie aus dem Wasser und fragt mich ganz ruhig: »Na, war's in Ordnung?«

Feiertag für einen Filmregisseur!

Das Einfühlen in die veränderte Rollensituation war vollkommen und erschien als ein technischer Vorgang, der mit dem Ende der Szene abgeschlossen war. Ich kenne nicht wenige, die sich erst einmal erholen müßten von der psychischen Anstrengung, die, ›aus tiefster Seele kommend‹, die ›ganze Person‹ durchdringt, ehe sie über das Resultat sprechen könnten, und die durch die ›Kunst‹ ihrer Einfühlung permanent den Drehplan verzögern.

Dabei war das Resultat von einer technischen Perfektion, die ich vorher nie erleben durfte. Ekaterina Strishenowa hatte jede Bewegung der halbnahen Einstellung mit einer unvorstellbaren Exaktheit in der Totalen wiederholt. Gewöhnlich dreht man für den Umschnitt von der Nahen in die Totale zur Sicherheit als dritte Einstellung die Reaktion einer anderen Person mit, weil die Parallelität in den physischen Abläufen von naher und totaler Einstellung meist um so ungenauer wird, je stärker die psychischen Anforderungen sind. Bei ihr hätte man an jeder Stelle von der Nahen in die Totale umschneiden können, so gleichförmig verliefen ihre zum Teil heftigen und oft scheinbar unkontrollierten Körperbewegungen. Ich habe das später am Schneidetisch geprüft.

Die Russin erzählte mir viel über ihre Ausbildung an der (auf der Welt einzigen) Filmschauspielerschule in Moskau, die auf der Arbeit von Stanislawski aufbaut und auf das Studium innerer und äußerer Vorgänge gleicherweise abhebt.

Stanislawski war kein Systematiker. Er hat eine große Menge praxisbezogener, das heißt mit seiner Lehrtätigkeit verbundener Aufzeichnungen hinterlassen, die er zum Teil in verschiedenen Büchern zusammengefaßt hat. 1930 schreibt er in einem Brief: »Ich bin nicht in der Lage, mein riesiges Material zu ordnen, ich versinke darin.«[1]

Der größere Teil seiner Aufzeichnungen wurde und wird von der

Nachwelt ediert. Die Arbeit an der Herausgabe aller Schriften wird noch etliche Jahre dauern.

Es ist an der Zeit, daß die Wissenschaft sich mit der Geschichte der Edition befaßt, und dabei auch die Entstehungsdaten der einzelnen Textteile, die zu einem Buch zusammengefaßt sind, untersucht. Da wird sich dann herausstellen, daß sowohl Strasberg als auch Brecht einem Irrtum aufsitzen, wenn sie dem ›jungen‹ Stanislawski die ›innere‹ Methode des sich erinnernden Einfühlens zuschreiben und dem ›alten‹ die ›äußere‹, materielle der »physischen Handlungen«.

Es ist wohl richtig, daß Stanislawski zu Beginn seiner Arbeit gegen die total veräußerlichte Schauspielerei, die er antraf, sein Interesse mehr auf das ›Innere‹ konzentrierte. Aber schon früh, »etwa ab 1915« – und nicht, wie Strasberg und Brecht annehmen, ab 1930 – »datiert Stanislawskis gesteigertes Interesse für [...] alle äußeren Vorgänge«[2]. Die Datierung wird erschwert, weil Stanislawski im Alter frühere Aufzeichnungen zum Teil umgeschrieben hat. Das könnte »den Eindruck erwecken, daß die Manuskripte in den letzten Lebensjahren Stanislawskis verfaßt sind«[3].

Die editorischen Fragen interessieren hier nicht aus technischen, formalen Gründen, sondern sie haben inhaltliche Bedeutung. Es ist bei den Editionen nicht nur geschlampt, sondern wohl auch bewußt getäuscht worden, und zwar aus ideologischen Gründen. Ein bestimmtes Bild vom Künstler sollte in den Vordergrund gerückt werden: In den frühen Ausgaben außerhalb Rußlands wurde der Akzent einseitig auf das Psychologische, das ›Innere‹ gelegt. Es handelt sich hierbei um »Mißgriffe, Fehldeutungen und normativ verfestigte Einseitigkeit beim Aneignen seiner Lehre in Theorie und Praxis«[4].

Strasberg bezieht sich nur auf den Teilbereich des Stanislawskischen Werkes, in dem das ›Innere‹ dominiert. Die ›äußere‹, materielle Seite spart er ganz aus. Brecht benutzt beide Seiten, um seine eigene Anschauung vom Theater gegen oder mit Stanislawski zu formulieren. Keiner von beiden befaßt sich mit dem Werk als Ganzem.

Erstaunlich, mit welcher Chuzpe Strasberg die materielle Seite vollkommen negiert, um die Reinheit seiner Digest-Methode zu bewahren. Der russische Stanislawski-Forscher Sibrijakov stellt fest: Man kann »nicht vertuschen, daß die amerikanischen Theaterschaffenden [...] Elemente wie emotionales Gedächtnis und schöpferische Einbildungskraft häufig fetischisieren, dadurch Leitsätze ihres Lehrers entstellen und sie bisweilen in Richtung Freudscher Psychoanalyse abdrängen«[5].

In Rußland wird selbstverständlich nicht nach einem ›frühen‹ oder ›späten‹ Stanislawski gelehrt.

Ich möchte einen Eindruck vom Gesamtwerk vermitteln, soweit es vorliegt. Ich stütze mich vor allem auf die Schriften, wie sie im Berliner Henschel Verlag herausgekommen sind. Diese Ausgabe folgt den russischen Editionen und kommentiert präzise.

Stanislawski war ein Praktiker, der für die Nachwelt ein Konvolut von verstreuten, aus Proben und Aufführungen entstandenen Notizen verfaßte, die er in der Buchversion zum Teil von einem fiktiven Personenkreis von Lehrern und Schülern äußern läßt.

Obwohl seine Aufzeichnungen – zum Teil von ihm selbst, zum Teil von den Herausgebern der mir vorliegenden Fassung – sorgfältig arrangiert und thematisch geordnet sind, bleibt immer der schöne Eindruck der Praxis: Sie sind uferlos, nicht systematisierbar.

Man kann aus seinen Erkenntnissen kein simples System zimmern. »Ich bin ein Mann der Praxis «[6], betonte er stets und wußte um die Gefahren, die eine oder andere Komponente seiner Arbeit in den Vordergrund zu rücken: »Das Allergefährlichste für meine Methode [...] ist eine enge, schematische Auffassung dieser Arbeit.«[7]

Gleichwohl komme ich hier um eine vereinfachende Systematisierung nicht herum, werde aber einen Gegenentwurf zu jenen Darstellungen liefern, in denen sich jeder aus dem Gesamtwerk herausholt, was ihm paßt. Dabei folge ich der Chronologie, die in der Ausgabe des Henschel Verlags angegeben ist.

## 1. »DIE ARBEIT DES SCHAUSPIELERS AN SICH SELBST«, TEIL 1

Was hat Stanislawski beim Beginn seiner Arbeit vorgefunden? Dem Schauspieler wird bis weit ins 20. Jahrhundert ein Katalog von äußeren ›Techniken‹ angeboten. So lassen sich in einem wohlmeinenden Buch, das den Schauspieler anleiten will, natürlich zu erscheinen, noch 1917 Empfehlungen wie diese finden: »Der Stand des Augapfels ist von wesentlicher Bedeutung; sind beide nach innen gekehrt, verkünden sie Bosheit und Tücke, nach unten gewendet, eine gewaltige innere Gärung, rollend, Aufregung.«[8] Diese Art Regeln des mimischen Ausdrucks waren schauspielerisches Allgemeingut. Stanislawski weiß: »Vor Entsetzen herausquellende Augen, tragisches An-die-Stirn-Schlagen, Hände, die den Kopf zusammenpressen, gespreizte Finger, die durch die Haare fahren [...]! Diese Schablonen sind etwa dreihundert Jahre alt.«[9] Was setzt Stanislawski gegen derartige »dilettantische Faxerei«[10]?

Dem alten Schauspielertyp wird das Bild eines Menschen entgegengehalten, der auf der Bühne natürlich agiert und dem Zuschauer als etwas Natürliches erscheint. Die »organische Natur« wird zum Leitbild, mit der »sich keine noch so raffinierte schauspielerische Technik messen« kann.[11]

Die Natur läuft »unbewußt«, »außerhalb des Willens« ab.[12] Der Schauspieler dagegen muß sich eine natürliche Haltung bewußt erarbeiten. Zur Voraussetzung der schauspielerischen Arbeit gehört die Einsicht, daß nichts aus dem normalen alltäglichen Leben bruchlos und ohne weiteres auf die Bühne übernommen werden kann. Wie in der Kindheit muß vom Schauspielschüler auf der Bühne, in seiner »Bühnenkindheit«, jede natürliche Form »von Anfang an neu erlernt«[13] werden.

Im Spannungsfeld von »bewußt« und »unbewußt« ist die Methode Stanislawskis angesiedelt. »Es ist einer der wesentlichsten Grundsätze unserer Kunst [...], das unbewußte Wirken der Natur durch die bewußte Psychotechnik des Schauspielers anzuregen.«[14] Durch eine bewußte Technik also soll das Unbewußte, das Natürliche erreicht werden.

Worin diese »Psychotechnik« besteht, ist zum Teil in der Strasbergschen Adaption erklärt. Ich will zunächst ein paar Momente hinzufügen, auf die Strasberg weniger Gewicht legt, und später Stück für Stück zeigen, wie Stanislawski weit über Strasberg hinausgeht. Es gibt Passagen im Werk Stanislawskis, die Strasbergs Adaption in vollem Umfang zu bestätigen scheinen: Er ist »der Meinung, daß man Anfänger [...] möglichst von vornherein an das Unbewußte heranbringen soll«[15]. Häufig betont er das »unbewußte Schaffen«, scheint sein ganzes Werk darauf abzurichten, »dem schöpferischen Unbewußten auf der Bühne Tür und Tor zu öffnen! [...] Darin besteht die Grundaufgabe der Psychotechnik: Den Schauspieler dem Befinden nahezubringen, aus dem heraus in einem Künstler der unbewußte schöpferische Prozeß der organischen Natur aufkeimen kann«[16].

Es ist ein schwerwiegender Irrtum, das Unbewußte in der Begriffswelt Stanislawskis mit dem Unbewußten im psychoanalytischen Sinn in Zusammenhang zu bringen oder gar gleichzusetzen. Unbewußt bei Stanislawski heißt: wie von selbst, natürlich.

Wie wird das Unbewußte erreicht? Stanislawski erfindet Techniken, das heißt immer bewußte Verhaltensweisen, um das Spiel zu einem quasi organischen Naturvorgang zu machen. Zunächst legt er den Akzent auf Techniken des Gedächtnisses, des Erinnerungsvermögens. Bei Ribot[17] findet er den Begriff des »affektiven Gedächtnisses« und nennt es »emotionales Gedächtnis«[18]. Von der Erinnerung an ein reines Gefühl trennt er »das Gedächtnis unserer fünf Sinne«[19] ab, weil er dem rein emotionalen Gedächtnis mißtraut. Er glaubt, daß es nur »gar zu selten«[20] funktioniert und für den Bühnenalltag nur in wenigen Ausnahmefällen fruchtbar werden kann. Mit dem Idealfall der rein emotionalen Erinnerung läßt sich im Grunde nicht arbeiten. Vor allem auch, weil sich das aus einem vergangenen Erlebnis reaktivierte Gefühl meist nicht stabilisieren läßt. »[...] machen Sie sich aber keine Hoffnung, das für immer verschwundene Gefühl festhalten zu können. [...] Warten Sie nicht auf das Gestrige!«[21]

Man kümmere sich also nicht um das Gefühl selbst, sondern um »seine Quellen [...], um die Bedingungen, die das Erleben ausgelöst haben. Sie sind der Boden [...], auf dem das Gefühl wachsen kann«[22]. Auf dieser Basis hat man die Chance, daß sich das erinnerte Gefühl mit der neuen Situation, durch die es herausgefordert wird, wie von selbst, auf natürliche Weise, einstellt. »Die Natur erschafft [...] das neue Gefühl, das dem früheren entspricht.«[23] Die besondere Betonung eines »Gedächtnisses der fünf Sinne« wird klar: Das Emotionale darf nicht abstrakt bleiben, sondern soll sich an konkreten Erinnerungsfragmenten festmachen.

Stanislawski hält sich nicht lange auf bei den Techniken der persönlichen Introspektion. Vielmehr sucht er Beispiele aus der unmittelbaren konkreten Umgebung und hat dabei immer die Bühnenpraxis im Auge. Beispiel: Ein Portemonnaie ist verlorengegangen. Man hat die Suche nach dem Portemonnaie konkret erlebt und versucht, das nun auf der Bühne nachzuspielen. Dabei stellt sich heraus, daß die Bühne andere Anforderungen stellt als die Realität. Der Schüler wehrt sich zunächst dagegen, daß dieser Vorgang etwas mit ›Kunst‹ zu schaffen habe, und besteht darauf: »Das war Wirklichkeit, echte Wahrhaftigkeit, etwas ganz Alltägliches.«[24] Dann aber merkt er, daß man es auf der Bühne mit einer anderen Art von Wahrhaftigkeit zu tun hat, einer, die man nur aus der Erinnerung an das real Geschehene erreicht. Man muß »innen erst gleichsam einen Hebel umschalten und sich in die Bereiche der Phantasie, des vorgestellten Lebens versetzen« können, um dort ein »der Wirklichkeit entsprechendes Phantasiegebilde« zu schaffen.[25]

Für alle Aufgaben, die sich auf der Bühne stellen, schlägt Stanislawski ein »Wenn« vor, das »magische Wenn«: »Was geschieht, wenn ....«[26] Dieses »magische Wenn« wird in der westlichen Literatur zu Stanislawski mit allerlei Geheimnissen umgeben. »Magisch« – das klingt nach Kunst und Geheimnis, dabei ist es eine recht simple Voraussetzung für die schauspielerische Praxis. Die Frage lautet: Wie würde ich mich verhalten, wenn alles natürliche Wahrheit wäre, was auf der Bühne passiert? Um dieses Verhalten einzuüben, werden fiktive Situationen entworfen, an die sich der Schauspieler heranwagt, indem er sich an eine reale Situation erinnert.

Im Verlauf der Arbeit entsteht eine Art Phänomenologie des Gedächtnisses. Der Schauspieler lernt, daß Gedächtnis und Erinnerung nicht zu benutzen sind wie eine simple logistische Maschinerie. Sie funktionieren und erscheinen vielmehr in außerordentlich diffizilen Varianten. So weist Stanislawski zum Beispiel darauf hin, daß im Gedächtnis jene Kategorien von ›innen‹ und ›außen‹ eine Rolle spielen, die später in einem übergeordneten Sinn für die schauspielerische Arbeit wichtig werden. Übung: Man schaut einen im Raum vorhandenen Kronleuchter an, schließt dann die Augen, um sich den Kronleuchter vorzustellen. Interessanterweise bleibt der Kronleuchter, das vom Betrachter getrennte materielle Objekt, auch bei der inneren Sicht, als inneres Bild also, »außerhalb, wie damals, als es wirklich war«[27].

Was sich in der Trennung von emotionalem Gedächtnis und dem Gedächtnis der fünf Sinne andeutete, verstärkt sich in solch einfachen, eingängigen Beispielen und begleitet das ganze Werk

Stanislawskis: In verschiedenen Stufen setzt er sich mit dem Verhältnis von ›innen‹ und ›außen‹ auseinander und favorisiert keineswegs das persönliche Innenleben des Schauspielers.

Die Unterschiede zu Strasberg, die sich hier ankündigen, verweisen auf ein ganz anderes Bild vom Künstler, als es in Strasbergs »method« auftaucht. Auch Brechts Anschauungen, die man partiell bei Stanislawski wiederfindet, haben mit dem Menschenbild, das Stanislawski entwirft, wenig gemein. Um das zu klären, gilt es, das Werk des Russen Schritt für Schritt aufzuschlüsseln und darzustellen. Mit solchen Verfahrensfragen deutet sich an, daß wir es bei Stanislawski mit einem Menschenbild zu tun haben, das komplizierter und umfassender ist als das seiner Nachfahren. Die Praxis, aus der heraus er arbeitet und theoretisiert, ist schwer zu systematisieren. Ich wiederhole mich hier, aber es könnte sein, daß dieser scheinbar formale Umstand mehr über Stanislawskis Bild vom Künstler, über sein Menschenbild verrät als theoretische Einsichten. Aus diesem Grund aber muß sein Werk als Ganzes und differenziert dargestellt werden. Dann hat es auch ein Ende, daß jeder sich bei ihm bedient, wie es ihm gerade paßt.

Wie behandelt Stanislawski jenen Unterschied zwischen Alltagswirklichkeit und Bühnenrealität, der in der Betrachtung von Strasberg und Brecht eine bedeutende Rolle spielte? Zunächst hat es den Anschein, als ob Strasberg und Stanislawski sich in nichts unterscheiden, und erst im Detail werden gravierende Unterschiede sichtbar.

In Übungen mit »vorgestellten Objekten« macht Stanislawski den Unterschied zwischen Realität und Bühnenfiktion zur Gedächtnisübung: Geldzählen ohne Geld, Türöffnen ohne Tür. In der »Arbeit an einer ›Handlung ohne Requisiten‹, mit vorgestellten Gegenständen«[28] übt sich das Gedächtnis im Erinnern an die Realität des Materials und an früher praktizierte Verhaltensformen.

Auf diese Weise entsteht in der Fiktion so etwas wie organisches, natürliches Leben als neue Realität.

Benutzt man dagegen von vornherein reale Gegenstände, »so rutschen dem Ausführenden instinktiv aus mechanischer Lebensgewohnheit viele Handlungen durch«; das Fehlen der Gegenstände zwingt dazu, »aufmerksamer und tief in das Wesen der physischen Handlungen einzudringen und sie zu studieren«[29]. Etwas Äußeres wird durch die Phantasie nach innen genommen und entäußert sich in der fiktiven Bühnenhandlung.

»Das magische Wenn« verbindet dabei detaillierte einzelne Schritte. Beispiel: Anziehen von Kleidern. Aufgabe: »Wie ziehen Sie sich am Feiertag an?« Zusatz: »Am Feiertag [...], wenn Sie nicht wegen der Schule in Eile sind.«[30] Das »magische Wenn« setzt die Phantasie in Gang und bringt Erinnertes in unmittelbare Verbindung mit der zu lösenden Aufgabe. Es regiert nicht nur Handlungen und Gegenstände, also Äußeres, sondern wird auch in reinen »Phantasieübungen« angewendet: »Ein neues Wenn [...] versetze uns alle in den höchsten Norden, in eine Jahreszeit, wo dort ununterbrochen Tag ist.«[31] Auch in einem solchen Fall, wo eine direkte Erinnerung aus Mangel an persönlicher Erfahrung nicht möglich ist, arbeitet das Gedächtnis mit emotionalen und sinnlichen Erinnerungspartikeln aus verwandten oder assoziierten Bereichen.

Das durch die Sinne gebundene Erinnern hat bei den meisten Übungen Vorrang. Es ist nämlich höchst selten, daß das »magische Wenn« mit den »tiefsten und innigsten Erinnerungen« zusammenfällt. Nur in einem solchen Zufall hat der Schauspieler direkt und ohne Umwege über verschiedene Gedächtnistechniken »das Empfinden ›Ich bin‹«, nur dann löst er unmittelbar »das Schaffen [der] Natur und des Unbewußten aus«[32].

Meistens aber wird das Gefühl für das »Ich bin« sich nicht unvermittelt einstellen. Stanislawski warnt ausdrücklich vor dem falschen Glauben an die spontane Abrufbarkeit innerer Phantasien und verlangt sogar, die Phantasie lieber an äußere Bedingungen der Bühne zu binden, statt sich in unzureichenden emotionalen Erinnerungen zu üben. »Ich bin bereit, meine Forderungen noch weiter herunterzuschrauben [...], die Etüde äußerlich, rein formal zu spielen [...]«. Dabei »kann man sich mit Psychotechnik helfen, [...] ein neues ›Wenn‹ und eine neue ›vorgeschlagene Situation‹ einführen [...] und dadurch den schlummernden Komplex der Aufmerksamkeit, der Phantasie, des Gefühls, der Wahrhaftigkeit [...] anregen«[33].

Stanislawski gibt keine Rezepte mit Garantieerklärung. Je mehr man sich mit seinen Schriften beschäftigt, um so aussichtsloser wird es, ein klares System herauszufiltern. Wer das versucht, verführt den Schauspieler dazu, sich ein scheinobjektives Schema anzueignen. Die verzweigten praktischen Übungen Stanislawskis geben dem Schauspieler vielmehr die Chance, jene Elemente auszuwählen, die ihm persönlich in einer bestimmten Situation taugen. Stanislawski schildert eine vielförmige Praxis, die unterschiedliche Wege einschlägt, um schließlich eins zu erreichen: Das fiktive Bühnengeschehen soll sich »wie unbewußt«, auf natürlichem Weg abspielen.

Für den Schauspieler gibt es viele Einstiege, um in der Rolle die Gewißheit zu erhalten: »Ich bin.« Auf dem Weg dahin genügt ein wie auch immer evozierter »Augenblick der Lebensechtheit«, der »den richtigen Ton für die ganze Rolle an[gibt]«[34].

»Ich bin« – die Existenz des Schauspielers in seiner Arbeit hängt, entgegen dem klischeehaften Bild, das Strasberg und andere von Stanislwaski zeichnen, keineswegs nur vom Innern und den psychischen Fähigkeiten ab. Schon früh wird Wert auf die »physischen Aufgaben« gelegt, wobei die Definition dieses Begriffs in Zusammenhang mit der Psychotechnik zu klären ist.

Häufig besteht Stanislawski darauf, daß der Schauspieler »erst die physische Aufgabe herausfinden«[35] soll, wenn er sich mit einer darzustellenden Figur beschäftigt.

Wie schon betont, kann man sich auf das emotionale Gedächtnis als Hilfe nur selten verlassen. Der Glaube, quasi mit einem Schlag die Rolle innerlich erfahren zu können, führt meist in eine Scheinsicherheit, die der Darstellung schadet. Um diesem Fehler nicht »zu verfallen, muß man sich an etwas Realem [...], Organischem [...] festhalten. Und hierzu brauchen wir die [...] physische Handlung, die für den erlebten Augenblick typisch ist«[36].

Es hat manchmal den Anschein, als favorisiere Stanislawski schon hier[37] eindeutig das Äußere, Materielle als Auslöser des schöpferischen Vorgangs. Man sollte mit solchen Folgerungen vorsichtig sein. Fast immer stehen solche Äußerungen in Zusammenhang mit Äußerungen zur Psychotechnik: »Die richtige Ausführung der physischen Aufgabe wird es Ihnen möglich machen, die entsprechende psychologische Situation zu schaffen.«[38]

Wenn er im gleichen Kontext sagt: »Man muß nicht das innerste Gefühl aus sich herauspressen, sondern nur an die richtige Ausführung der physischen Handlungen in den vorgeschlagenen Situationen des Stücks denken«[39], dann stolpert man über das Wort »denken«. Geht es also gar nicht darum, physisch zu handeln, sondern bleibt alles Materielle, Äußere doch in jenem fiktiven Bereich, der durch das erwähnte »Requisiten-Spiel ohne Requisiten« gekennzeichnet ist?

Häufig hat man den Eindruck, als bekomme Stanislawski einen Schreck vor dem eigenen Griff nach dem Äußeren, so daß er ihn sogleich revidiert: »Das Geheimnis meiner Methode ist klar. Es handelt sich nicht um die physischen Handlungen als solche, sondern vielmehr um die Wahrhaftigkeit und den Glauben an sie, die wir mit Hilfe dieser Handlungen in uns hervorrufen und in uns fühlen.«[40]

Ein Streitgespräch während des Unterrichts vertieft die Problematik. Einer sagt, er »greife im Bereich des Gefühls nach einer einfachen physischen Handlung«. Dem wird widersprochen: »[...] im Bereich des Gefühls gibt es keine physischen Handlungen. Da gibt es nur psychologische.« Der andere entgegnet: »Sie irren sich. [...] [Der Schauspieler] sieht mit seinem inneren Auge, was und wie es sich ereignen könnte, er führt diese Handlungen im Geiste aus. Mehr als das: Der Schauspieler empfindet das, woran er denkt, körperlich [...]. Die gedankliche Vorstellung von der Handlung ist behilflich, das Wesentliche auszulösen – innere Aktivität, Drang nach äußerer Handlung.«[41]

Das Äußere, Physische, wird also in den psychischen Zusammenhang geholt, damit die Vorstellung des Physischen sich in der Handlung, im Körperlichen, sinnvoll entäußert. Wer darin immer noch nur Psychologisches erkennt, übersieht, daß die Person dabei die rein persönliche Introspektion überschreitet, sprengt, daß sie von außen beeinflußt wird.

Der Blick in die innere persönliche Gefühlswelt wird von Stanislawski gutgeheißen, zugleich aber gebrochen und erweitert. Er fordert nicht nur Verinnerlichung und Entäußerung des Psychischen, sondern öffnet die Person nach außen: »So muß man auf der Suche nach innerem Material nicht nur das benutzen, was wir selbst im Leben erlebt haben, sondern auch das, was wir an anderen Menschen erfahren und aufrichtig mitempfunden haben.«[42]

Stanislawski weiß um die Gefahren der puren individuellen Verinnerlichung, führt die Person immer wieder über die eigenen Grenzen hinaus, um eins zu erreichen: im fiktiven Raum des Theaters auf »bewußte« Weise das »unbewußte«, organische Leben, der Natur gleich, neu zu schaffen. Der einzelne Schauspieler entgrenzt seine Person und sein Inneres im Zusammenwirken von Äußerem und Innerem. »Unter diesen Bedingungen ergibt sich eine Wechselwirkung von Körper und Seele, von Handlung und Gefühl, wodurch das Äußere dem Inneren hilft und das Innere das

Äußere hervorruft [...].«[43] Die Wechselwirkung zwischen Körperlichem, Materiellem, und dem Seelischen, Geistigen, ist für Stanislawski in der Realität des Menschen, in seiner Natur angelegt: »Jede physische Handlung hat etwas Psychologisches, jede psychologische etwas Physisches.«[44]

Manchen mag es überraschen, daß schon hier, im sogenannten Frühwerk des ›jungen‹ Stanislawski das Feld abgesteckt, die Thematik fixiert ist: Inneres und Äußeres, Unbewußtes und Bewußtes, Geistiges und Materielles, Natur und Fiktion – in diesem Begriffsfeld findet die Ausbildung des Schauspielers statt.

## 2. »DIE ARBEIT DES SCHAUSPIELERS AN SICH SELBST«, TEIL 2

Dieser Teil stellt vor allem körperliche Übungen, Techniken von Stimme, Mimik, Rhythmus usw. dar. Stanislawski legte stets großen Wert auf diese äußeren Dinge, die er natürlich nicht separat behandelte. Die Aufgliederung in seinen Schriften »dient lediglich der bequemeren Erläuterung des ›Systems‹, ist aber keineswegs kennzeichnend für seine eigene pädagogische Praxis«[45]. Bezeichnenderweise lassen sich schon im besprochenen ersten Teil verstreute Hinweise auf rein körperliche Übungen finden, wie »Muskelentspannung«[46], »Spannung und Anspannung«[47].

Wer sich lange genug mit den Problemen von Psychotechnik, emotionalem Gedächtnis, Bewußtem und Unbewußtem befaßt hat, darf sich nun, im zweiten Teil, von einem Brevier äußerlicher Übungen verblüffen lassen. Da geht es um das Erforschen »der Beinmuskeln«[48], um Sprechübungen mit »Metronom«,[49] um den Unterschied zwischen Vokalen und Konsonanten[50] und um schwer zu verinnerlichende Dinge wie das »Semikolon«[51] und dessen Funktion für die Sprachmelodie. Die Beschäftigung mit diesen zum Teil rein technischen Phänomenen deutet auf etwas hin, was die Freunde des psychologischen Tiefsinns und der künstlerischen Innerlichkeit überraschen wird: Dem Körperlichen wird eine eigene leitende Funktion zugeschrieben. Da wird ein Schüler gebeten, seinen Mund in eine ungewohnte Stellung zu bringen und dabei einen gemeinsamen Bekannten zu imitieren, der »eine sehr kurze Oberlippe und sehr lange Vorderzähne wie ein Hase«[52] hat. Je mehr die Übung perfektioniert wird, um so deutlicher ist zu beobachten, »daß sich durch den Trick mit der Lippe zugleich auch sein ganzer Körper, seine Beine und Arme, sein Hals, seine Augen und sogar seine Stimme verändern«[53]. Nicht genug damit! Die körperliche Veränderung durchdringt die äußere Erscheinung und setzt sich im Inneren fest: Nach einer Weile konnte der Schüler »feststellen, daß auch in seiner Psyche, ganz ohne sein Dazutun, eine unerklärliche Veränderung eingetreten war«[54].

Mit einem Mal erhält die Rede von den physischen Handlungen eine andere Dimension. Bisher war das ›Äußere‹ Teil der Psychotechnik, Teil der Phantasieübungen, die häufig durch Erinnerung an Gegenstände und äußere Handlungen zur fiktiven Realität auf der Bühne beitrugen. Jetzt aber wirkt das Äußere, eine körperliche Verstellung, unmittelbar auf die Psyche – und zwar »ohne Dazutun« des Schülers, quasi »unerklärlich«.

Stanislawski rezipiert die bereits vorher bekannte Akzentuierung des Körperlichen, der physischen Handlung, gibt ihr aber durch das Beispiel des verstellten Mundes einen anderen Wert: »Ich erinnere Sie [...] daran, daß Sie Ihrem Gefühl um so weniger Gewalt antun, je klarer, konkreter und bestimmter Ihre Handlungen sind«, und: »Vergessen Sie nicht, daß schon die kleinste aufrichtige physische Handlung imstande ist, die Wahrheit zu erzeugen und so auf natürlichem Wege das Gefühl selbst wachzurufen.«[55]

Während nun der geneigte Leser sein Inneres beurlaubt, Gedächtnis und Seele zur Ruhe entläßt, seinen Körper betrachtet und die

Muskeln anspannt, bekommt er von Stanislawski in einer vollkommenen Volte eins um die Ohren: »Je unmittelbarer, klarer und präziser der Reflex vom Inneren zum Äußeren erfolgt«, sagt er im gleichen Band, »desto besser, umfassender und vollständiger kann der Zuschauer [...] nachempfinden.«[56]

Wir müssen es endlich aufgeben, in seinen Schriften einen geraden, simplen Weg zur Wahrheit der schauspielerischen Ausbildung zu suchen! Immer wieder betont Stanislawski, kein Systematiker zu sein. Und wer auf der Suche nach der stringenten Logik eines wissenschaftlichen Diskurses oder einer schmalspurigen Digest-Fassung ist, unterschlägt die stets widersprüchliche, rational nicht fixierbare, sich jedem System versperrende Praxis, aus der Stanislawski seine Ausbildungstheorien schöpft. Ich habe »keineswegs die Absicht, das Problem wissenschaftlich zu betrachten, ich will es vielmehr praktisch zu lösen suchen«[57]. Es geht hier nicht darum, etwaige logische Inkonsequenz unter dem Begriff der Praxis zu rechtfertigen. Nein, die Praxis ist weitläufiger, umfassender als der eine oder andere Extrakt, den seine Adepten aus Stanislawskis Texten destillieren, um ihn dann unter eigenem Markenzeichen zu veräußern.

Welche Konsequenzen aber hat diese Art Praxis für das Menschenbild Stanislawskis? Wie unterscheidet es sich von dem, was bei Strasberg und – ganz anders – bei Brecht gesehen wurde? Läßt sich da überhaupt etwas Definitives sagen, wo man kein schlüssiges System findet? Wenn man nicht zu früh glaubt, Stanislawski verstanden zu haben, können einen seine oft widersprüchlichen Aufzeichnungen in einer Spannung halten, die mehr und mehr sein Bild vom Künstler, sein Menschenbild, erkennen läßt.

Verfolgt man Stanislawskis verzweigte praktische Erfahrungen, stößt man immer wieder auf Beziehungen zwischen ›innen‹ und ›außen‹. Nach intensiven körperlichen Übungen transponiert er das Körperliche, Äußere, häufig nach innen und verbindet es mit dem Gefühl: »Das Empfinden für die durch den Körper strömende Energie nennen wir das Gefühl für die Bewegung.«[58] Dieses Gefühl aber entsteht häufig erst durch rein körperliche Übung. Selbst bei Kategorien wie »Tempo« und »Rhythmus«, die gewöhnlich dem ›Inneren‹ zugeordnet werden, scheut er sich nicht, die Arbeit ins ›Äußere‹ zu verlegen: »Wenn die Intuition schläft und geweckt werden soll, mag man sich den Tempo-Rhythmus durch irgendeine physische Bewegung angeben.«[59] Dabei findet die Verbindung zum ›Inneren‹ wie automatisch statt. Wenn einer nämlich durch Klatschen, Trommeln oder durch Schritte einen Rhythmus entwickelt, folgt er einem ›inneren‹ Vorbild, das sich in der praktischen Übung äußert und definiert. Der Rhytmus wird schneller sein, wenn Nervosität zugrunde liegt, langsamer, wenn einer wartet oder sich langweilt. So klären sich in der Entäußerung die inneren Vorgaben und werden manchmal erst durch das ›Äußere‹ bewußt.

Die äußeren Handlungen hingegen, Handlungen in Gestik und Mimik, führen häufig ins ›Innere‹, indem sie es zugleich definieren. Übung: »Was würden Sie tun, wenn Ihnen aus irgendeinem Grund die Tränen in die Augen treten, Sie sich jedoch schämen, den Anwesenden Ihre Stimmung zu zeigen?«[60] In seinem Bemühen, dem »Wenn« zu folgen, unternimmt der Schüler verschiedene physische Versuche, korrigiert, setzt neu an, bis er in seiner Haltung etwas Richtiges entdeckt, ein Stück Wahrheit, das im Zusammenhang mit seiner inneren Verfassung steht. So bringt ihn die »Wahrhaftigkeit [...] der physischen Handlung des Verbergens [...] auf das noch nicht vorhandene Gefühl, das durch derartige Assoziationen ganz von selbst lebendig wird«[61].

Je größeres Gewicht Stanislawski dem ›Äußeren‹ beimißt, um so heftiger wirken auf Leser und Schüler die Widersprüche und Irritationen. Nach seinem Vorschlag, den Rhythmus mit Hilfe einer physischen Bewegung zu finden, schränkt er z. B. ein: »[...] als ständiges legitimes Hilfsmittel darf diese Methode keineswegs anerkannt werden«[62].

Und was die physische Bewegung betrifft – wir erinnern an die mimische Übung mit den »Hasenzähnen« –, so hebt er deren Vorrang auf, kaum daß er ihn postuliert hat: »Echte Mimik entsteht von selbst, ganz natürlich, aus der Intuition heraus und spiegelt das innere Erleben wider.«[63]

Auf diese Weise mischen sich ›äußere Erfahrung‹ und ›inneres Gefühl‹, ohne in einer abstrakten Rangordnung fixiert zu werden. Im Einzelfall entscheidet die Praxis, wie vorzugehen ist.

Auch in der Technik der Erfahrung materieller Umstände, wie Dekoration oder Requisit, werden äußere Sinneswahrnehmung und innere Phantasieübung gemischt. Auf den Vorschlag, erst in eine Kirche, dann in ein Möbelgeschäft und schließlich auf eine Behörde zu gehen, ehe man den Bahnhof und am Ende einen Markt besucht, stehen die Schüler schon auf, um sich auf den Weg zu machen. Da aber werden sie gebeten, wieder Platz zu nehmen, denn »die ganze Reise soll ja in unserer Phantasie stattfinden«[64]. Selbst innerhalb einer Szene wird sowohl mit realen Requisiten als auch mit Phantasieobjekten gearbeitet. So kann man einen Tisch mit Tischtuch, Geschirr und Servietten decken und das gleiche ohne Gegenstände wiederholen. Durch verschiedene Inhalte des »magischen Wenn« wird diese Aktion weiter erklärt und differenziert, zum Beispiel: Was geschieht, wenn nur ein Dienstmädchen im Haus ist, wenn alle dem Dienstmädchen helfen, wenn die Gäste in einer Stunde, wenn sie früher kommen, usw.?[65]

Bei solchen Übungen läßt sich beobachten, »wie die Wahrhaftigkeit der physischen Handlung das Gefühl beeinflußt«.[66]

In diesem zweiten Teil der ARBEIT DES SCHAUSPIELERS AN SICH SELBST zeigt sich, daß Stanislawski schon früh auf eine große Spannbreite der menschlichen Möglichkeiten setzt. Der Schauspieler soll sich weder ins Innere zurückziehen noch sich ausschließlich auf äußere Anreize verlassen, und – es kommt eine dritte Dimension hinzu – er soll letztlich auch seine Fähigkeit der Analyse einbringen. »Erst wenn der Schauspieler die Rolle in ihrer Ganzheit [...] analysiert und durchlebt hat [...], gewinnt sein Spiel die nötige Übersicht.«[67]

Auf den ersten Blick mag das überraschen, hatte man bisher doch immer den Eindruck, daß die analysierende, mehr rationale Komponente im Erleben auf der Bühne bewußt vernachlässigt wird. Wie ist ein Verschmelzen mit der Rolle, wie das Abbild der unbewußten »Natur« noch möglich, wenn das Ich sich reflektiert? »[...]Während ich spiele, lebe ich ein doppeltes Leben, ich lache und weine und analysiere zugleich meine Tränen und mein Lachen [...].«[68] Brecht hätte an einem solchen Satz, wenn er ihn hätte lesen können, seine Freude gehabt. Und doch ist mit dem »doppelten Leben« hier keine Aufspaltung gemeint, die als solche dem Zuschauer präsentiert wird, um ihn womöglich durch eine Art brechtscher Verfremdung aus der illusionären Einfühlung herauszureißen. Für Stanislawski nämlich »ist diese Spaltung kein Hindernis für die Begeisterung. Ganz im Gegenteil! Das eine hilft dem anderen!«[69]

Die analytische Fähigkeit wird angesprochen, weil Stanislawski den ganzen Menschen im Auge hat und weil er letztlich auch die rationalen Fähigkeiten als Teil seiner Natur sieht. Diese vielleicht etwas gewagte These wird gestützt durch den Ganzheitsanspruch in der illusionären Wirkung der Bühnenfigur.

Der Zuschauer soll nämlich nicht aus dem Gefühl der Illusion herausgerissen und in kritische Distanz geführt werden. Stanislawski fordert ein »doppeltes Leben«, damit »Tränen« und »Lachen« »um so stärker die Herzen derer beeinflussen, die ich rühren will«.[70]

Das Analytische hat für Stanislawski Anteil an der fiktiven Herstellung des naturähnlichen Zustandes auf der Bühne.

Wie das oben beschriebene Erlebnis der Suche nach dem Portemonnaie sich nicht ohne weiteres aus der Realität auf die Bühne übertragen ließ, sondern neu hergestellt werden mußte, so gilt es in allen szenischen Darstellungen, die rationale Logik der realen Welt in den fiktiven Bereich der Bühne zu transponieren: »Logik und Folgerichtigkeit sind für die innere wie für die äußere Seite der Arbeit des Schauspielers von größter Bedeutung.«[71] Die Logik der Bühne unterscheidet sich von der realen Logik nicht in ihren Gesetzen, sondern im Grad ihrer Fiktion. Auf der Bühne muß das, was im Alltag normalerweise logisch abläuft, neu hergestellt und auf seine Wirkung hin überprüft werden. Stanislawski moniert an geradezu lächerlichen Fehlern die mangelnde Folgerichtigkeit in den Handlungen auf der Bühne. So beschreibt er, wie Schauspieler mit Bechern wild herumfuchteln, obwohl diese Becher in der Vorstellung des Zuschauers gefüllt sind. Der Schauspieler muß die Logik des Alltags auf die Bühne transponieren und folgerichtig behandeln. Fehler wie die mit dem »gefüllten« Becher passieren dem Schauspieler, »weil er, wie die meisten andern Menschen auch, zuwenig beobachtete und zuwenig Aufmerksamkeit auf die Kleinigkeiten und Details des Lebens verwandte«[72].

Die rationale Seite, das Analytische, das Beachten von Logik und Folgerichtigkeit im Detail, der verschiedenen Linien der Rolle und des ganzen Stücks[73] verlagert die Balance zwischen ›innen‹ und ›außen‹ auf das Physische. Die physischen Erscheinungen lassen sich erkennen und rational kontrollieren. »Um die Logik und Folgerichtigkeit eines psychischen Zustandes und des geistigen Lebens der Rolle zu erkennen und zu definieren, ziehen wir daher nicht unsere unbeständigen, schwer greifbaren Gefühle, nicht unsere komplizierte Psyche zu Rate, sondern unseren Körper mit seinen ganz bestimmten, uns zugänglichen, konkreten physischen Handlungen, die wir wieder durch Handlungen definieren. […] und

[ich] gewinne die für mich unerläßlichen Kenntnisse aus den mir vertrauten Bereichen meiner eigenen Lebenserfahrung.«[74]

## 3. »DIE ARBEIT DES SCHAUSPIELERS AN DER ROLLE«

»Denken Sie daran, wie ein Flugzeug aufsteigt. [...] Es rollt, dem Beharrungsprinzip der Körper folgend, so lange auf der Erde, bis die von der zunehmenden Geschwindigkeit zusammengepreßte Luft die Tragflächen von unten faßt und das Flugzeug emporträgt.«[75] Das heißt: »Das geistige Leben [...] entsteht auf der Bühne nicht von selbst, sondern nur in Verbindung mit der Schaffung des körperlichen Lebens, das [...] ein günstiger Nährboden für die Schaffung des geistigen Lebens ist.«[76]

Proben zu OTHELLO. Stanislawski beginnt mit der ersten Szene, in der Rodrigo und Jago vor den Palast treten und Alarm schlagen. Er fordert die Schüler auf: »Tun Sie dasselbe!«[77] Die Schüler sind verblüfft, ratlos, fühlen sich außerstande, den Beginn des Dramas ohne weiteres zu spielen. Stanislawski aber insistiert: Sie sollen aus dem Palast kommen und Alarm schlagen!

Die Schüler zögern. Aber sie sollen das tun, genau das, nicht mehr, aber auch nicht weniger. Denn in dieser scheinbar losgelösten, rein äußerlichen Anfangsszene gewinnen die Personen erste Konturen: Wie stellen sich die Schüler den Palast vor, wo ist die Tür, wie geht man aus dem Palast auf die Straße, wie geschieht das Alarmschlagen usw.? Das »magische Wenn« hilft in jeder Phase der äußeren Entwicklung und unterstützt durch Requisiten die Aktionen: Stühle bilden die noch nicht vorhandene Mauer und markieren später eine Gondel, die man einsetzt, als verschiedene Gänge nicht gelingen wollen.

Stanislawski setzt auf die Möglichkeit, »das Gefühl für die Rolle durch das physische Leben des menschlichen Körpers hervorzurufen«[78]. Dabei soll der Schauspieler, wie er an anderer Stelle sagt, »um Gottes willen in diesem Augenblick nicht an das Gefühl denken«[79]. Vielmehr soll er auf die körperlichen, materiellen Dinge konzentriert bleiben: »Wiederholen und verbessern Sie [...], bis Sie in diesem Stückchen Ihrer Rolle das körperliche Leben entstehen fühlen.«[80]

Die ersten äußeren Einstiege in die Rolle geschehen ohne Text, und nur allmählich gibt der Regisseur den Schülern ein paar Worte, die sie benutzen können, um eine körperliche Handlung zu stützen. Der Originaltext aber bleibt vorerst verschlossen.[81]

In einem Aufsatz »Stanislawski bei der Probe« berichtet W. Toporkow[82] von der Schwierigkeit, die Schauspieler, die gewohnt sind, sich zunächst auf den vorgegebenen Text zu konzentrieren, mit dieser Methode haben. Da bettelt einer: »Lassen Sie mich wenigstens einen Satz sprechen. Vielleicht kommt doch etwas dabei heraus.« Aber Stanislawski bleibt hart: »›Nichts kann dabei herauskommen, da Sie doch nicht vorbereitet sind.‹ – ›Aber bitte, ich habe doch geübt.‹ – ›Sie haben eben nicht das Richtige geübt, Ihr ganzes Verhalten entspricht nicht der Szene, die Sie spielen sollen. Deshalb ist es auch sinnlos, [...] Ihre Ohren [...] vollzustopfen.‹«[83] Bei den OTHELLO-Proben bediente sich der Regisseur eines Tricks. Er nahm die Worte, die er den Schauspielern hin und wieder zur Verfügung stellte, aus dem Originaltext und baute so körperliche Aktion und Sprache organisch zusammen.

»Was geschah nun im Endergebnis? Fremde Worte wurden zu Ihren eigenen [...]. Jetzt plappern Sie nicht die Rolle herunter, sondern Sie handeln mit den Worten [...].«[84]

Während der Proben zu OTHELLO wird den Schülern das Physische, das ›Außen‹ als Basis ihrer Arbeit vermittelt. In dem Band DIE ARBEIT DES SCHAUSPIELERS AN DER ROLLE liegt der Akzent eindeutig auf dem Physischen, Körperlichen, und zwar nicht nur in praktischen Übungen, sondern auch in der Theorie, die damit ein Gleichgewicht zwischen dem ›Innen‹ und dem ›Außen‹ im Gesamtwerk Stanislawskis findet.

In den körperlichen Aktionen soll der Schauspieler bei sich selbst bleiben, ja zu sich selbst kommen. Nur dann kann er in der Rolle das »Leben entstehen fühlen«. »Wenn der Schauspieler mit Hilfe der Worte und Handlungen die einfachsten physischen Aufgaben so ausführt, daß er in ihnen die Wahrheit fühlt und an diese einfache physische Wahrheit ehrlich glaubt, so mag er ruhig sein. Das schafft einen guten Boden für das richtige Gefühl.«[85]

Das »Gefühl« untersteht also der Wahrheit der äußeren Handlung. Der Schauspieler ist aufgefordert, seine ganze Aufmerksamkeit darauf zu konzentrieren, »wenigstens an eine der allerkleinsten physischen Wahrheiten seiner Handlung [...] zu glauben, denn sofort wird sich sein Gefühl aus diesem Glauben an die Echtheit der physischen Handlung ergeben«[86].

Beim Versuch, die Wahrheit der physischen Handlung zu erkennen, öffnet sich wie von selbst die nichtmaterielle Dimension des Gefühls. So spricht Stanislawski auch von »fühlen« (s. o.), wenn es um die »Wahrheit« der physischen Handlung geht.

Es wird die Ehrlichkeit im Erkennen dieser Wahrheit betont. Damit ist der Schauspieler ganz auf seine eigene Person zurückgeworfen. Der Außenstehende kann zwar sehen, ob sich der Schauspieler ›natürlich‹ äußert oder nicht, nur der Schauspieler selbst aber kann ehrlich über den Grad seiner Wahrhaftigkeit urteilen.

In dieser gleichsam moralischen Dimension liegt ein entscheidendes Kriterium der Arbeit Stanislawskis. Der Schauspieler soll in keiner Phase des Übens und in keiner Facette der Rolle versuchen, seine eigene Person aufzugeben. Er soll »nie vergessen [...], daß man immer von seinem eigenen Wesen und nicht von der Rolle aus leben muß und von dieser nur die gegebenen Umstände nimmt«[87].

Die Annäherung von außen, der Einstieg über die »gegebenen Umstände«, bewahrt also die persönliche Eigenheit des Schauspielers. »Auf diese Weise ergibt sich folgende Aufgabe: der Schauspieler soll mit gutem Gewissen antworten, was er physisch tun wird, das heißt, wie er unter den gegebenen Umständen handeln wird, die vom Dichter, vom Regisseur, vom Bühnenbildner, vom Beleuchter, von vielen anderen und vom Schauspieler selbst in seiner Phantasie geschaffen worden sind.«[88]

Wer sich nun darin geübt hat, den Akzent seiner Arbeit auf das Physische, das Äußere, zu legen, wird unversehens irritiert, aus der vielleicht gewonnenen Sicherheit wieder herausgerissen: »Das körperliche Leben der darzustellenden Person zu schaffen, ist die Hälfte der Arbeit an der Rolle, da die Rolle zwei Seiten hat, eine physische und eine geistige.«[89]

Die plötzliche Trennung in zwei »Hälfte(n) der Arbeit« schockiert und bringt das ›Innere‹, Geistige wieder in den Vordergrund des Interesses. »Das Schema des körperlichen Lebens ist nur ein Anfang. Das Wichtigste haben wir noch vor uns [...], das geistige Leben im Menschen der Rolle [...].«[90]

Das Körperliche ist mit einem Mal wieder degradiert zur bloßen Vorbereitung, zur »Stütze« für das »Wichtigste«, das im Inneren geschieht. »Wenn man ohne Vorbereitung und Stütze versucht, ein Gefühl zu empfinden, dann ist es schwer, es in seiner ganzen Zartheit einzufangen. Aber jetzt, wo Sie eine Stütze, und zumal eine so feste haben, wie die physisch empfundene des körperlichen Lebens, hängen Sie nicht mehr in der Luft, sondern gehen auf einem festen gewalzten Weg, von dem Sie nicht abweichen können.«[91]

Schien es eben noch so, als favorisiere Stanislawski den Weg von ›außen‹, so schlägt er hier die Gegenrichtung ein, behauptet, »daß das körperliche Leben nicht umhinkann, auf das geistige Leben zu reagieren«[92]. Und er geht noch weiter. Das Körperliche sieht er »für



Wechselwirkung
Innen – Außen

das schöpferische Gefühl« als eine »Art Akkumulator« und fährt fort: »Das innere Erleben ist der Elektrizität vergleichbar. Wenn man es in den Raum hinausschleudert, fliegt es auseinander und verschwindet; aber wenn man das körperliche Leben der Rolle damit sättigt, wie einen Akkumulator mit Elektrizität, dann verstärken sich die durch die Rolle hervorgerufenen Emotionen in der gut empfundenen physischen Handlung.«[93]

Wie ist es zu erklären, daß Stanislawski häufig die Perspektive zwischen dem ›Inneren‹ und dem ›Äußeren‹ wechselt, einmal diesem, einmal jenem Priorität einräumt? Es fällt auf, daß im Zusammenhang mit dem Physischen häufig Umschreibungen auftauchen, die dem ›Inneren‹ zuzuordnen sind. Oben hieß es, man »fühle« die Wahrheit des Physischen, hier spricht er von »der gut empfundenen physischen Handlung«. In Wahrheit strebt Stanislawski die Einheit von ›außen‹ und ›innen‹ an, kann aber in der Praxis nie beides gleichzeitig verlangen. In der Theorie aber ist seine »Methode [...] auf der Verschmelzung des Inneren mit dem Äußeren aufgebaut«[94]. Wenn er nicht an einen konkreten Fall gebunden ist, der ihn zwingt, praktisch vorzugehen, spricht er von Einheit und Verschmelzung. Für die Praxis aber empfiehlt er, je nach Situation den einen oder den anderen Weg einzuschlagen und einen Sinn dafür zu entwickeln, das eine oder andere »klug« zu nutzen: »Die äußere Haltung und das körperliche Leben erhalten [...] vom inneren Erleben her Sinn und Wärme, und das innere Erleben findet im körperlichen Leben seine äußere Verkörperung. Diese [...] Verbindung beider Seiten der Rolle müssen wir für die Fixierung der unfaßbaren und sich verändernden schöpferischen Erlebnisse klug benutzen lernen.«[95]

In seinem Bemühen, die Notwendigkeit der Verschmelzung beider Bereiche zu betonen, zeigt sich, wie wichtig ihm die Einheit zwischen ›innen‹ und ›außen‹ ist: Die Einheit ist in der Praxis wechselseitig angelegt, auch wenn man im konkreten Fall immer von einer Seite ausgehen muß. Der Grund liegt in der Erkenntnis, daß »es keine äußere Linie ohne die innere geben kann und umgekehrt«[96].

Voraussetzung für die Einheit von ›innen‹ und ›außen‹ bleibt die Vorstellung von einer organischen Natur, die der Schauspieler in seiner Rolle mit fiktiven Mitteln herzustellen hat. Und all die Mittel, die zu diesem Ergebnis führen – psycho-technische, innere, äußere, das »magische Wenn«, das vorgestellte Requisit, der Verzicht auf den Text –, all das erübrigt sich im Idealfall, »wenn das Einswerden des Künstlers mit der Rolle sogleich vor sich geht [...]. In diesen Fällen ist es am besten, alle Technik zeitweilig zu vergessen und sich gänzlich der schöpferischen Natur anzuvertrauen. Aber leider sind solche Fälle außerordentlich selten»[97].

Was steckt hinter dem ständigen Wechsel zwischen ›innen‹ und ›außen‹, und was bedeutet in diesem Wechsel die Suche nach einer Einheit? Welches Menschenbild tritt hier zutage?

Ich habe immer wieder auf die Probleme der Edition verwiesen, weil sich darin ein Hinweis verbirgt, der den Kern von Stanislawskis Arbeit freilegt. Formal gesehen, geht es dabei um Jahreszahlen, inhaltlich scheinbar um die bewußten oder unbewußten Täuschungen und Selbsttäuschungen der Interpreten und Adepten.

Dahinter aber verbirgt sich ein Zugang zu seiner Art zu arbeiten, zum Menschenbild Stanislawskis. Ein erneuter Blick auf diese scheinbar bloß formalen, methodischen Fragen hilft weiter, sie haben ihn nämlich bei der Abfassung seiner Werke permanent selbst beschäftigt! Er hatte es ja mit einer großen Menge tagebuchartiger Aufzeichnungen zu tun, die er im nachhinein zu ordnen hatte. Und es gibt zum Beispiel »Datumsangaben, die [...] könnten den Eindruck erwecken, daß die Manuskripte in den letzten Lebensjahren verfaßt sind«; wobei das aber nur teilweise zutrifft. »Es handelt sich oft um frühere Aufzeichnungen, die Stanislawski zu diesem Zeitpunkt durchgesehen und datiert hat.«[98] Er war in seinen Büchern gezwungen, zu ordnen und in gewisser Weise zu systematisieren. Das war ihm unbehaglich, er war ein Mann der Praxis. Er unternimmt es in seinen Schriften, Praxis und Theorie in eins zu bringen. Er ist dabei so sehr an seine praktische Arbeit gebunden, daß er kein geschlossenes System vorgaukelt. »Es gibt nichts Dümmeres und Schändlicheres in der Kunst als ein ›System‹ um des ›Systems‹ willen.«[99]

Hin und wieder hat sein Bemühen, beide Seiten, den Zugang von ›außen‹ und den von ›innen‹, zu rechtfertigen und zugleich die Einheit zwischen ›außen‹ und ›innen‹ theoretisch zu manifestieren, gar etwas Rührendes, wenn er zum Beispiel auf den der Inszenierung zugrundeliegenden Text als grundlegende Einheit zurückweist: »Nun wird ja beides, das körperliche und das geistige Leben der Rolle aus der gleichen Quelle – dem Stück – gespeist.«[100]

Dieser geradezu hilflose Rückgriff auf den darzustellenden Text spiegelt auch mein Problem wider, mit den Texten Stanislawskis umzugehen. In einer Zusammenfassung seiner mir vorliegenden Schriften bin ich naturgemäß versucht, zu systematisieren. Schon daß ich die Bände des Henschel Verlags in ihrer numerierten Reihenfolge behandle, mag meine Hilflosigkeit zeigen, einen Praktiker, der häufig selbst zu systematisieren versucht, in ein unzureichendes System zu bringen. Dabei befinde ich mich in guter Gesellschaft. Auch in Rußland wird von Stanislawskis »System« gesprochen. Die Versuche, in ein rationales Schema zu zwingen, was inhaltlich gerade gegen dieses Schematisieren Sturm läuft, sind tragikomischer Bestandteil jeder theoretischen Darstellung von Praxis. Stanislawski selbst setzt wenigstens Anführungszeichen, wenn er in seinen Memoiren jenen Begriff benutzt, ohne den wir augenscheinlich nicht auskommen: »Versuch einer Verwirklichung des ›Systems‹«[101]. In dem eingangs zitierten Brief an Ljubow Jakowlewna entwirft er einen systematischen Plan seiner Schriften und endet den Brief mit Bedauern und Selbstanklage: »Was soll ich aber machen, wenn ich [mich] für verpflichtet halte, das zu Papier zu bringen, womit ich nicht fertig werde.«[102]

Ist das Fehlen einer durchgehenden Systematik wirklich ein Mangel? Mangel, den andere ›beheben‹, indem sie nachträglich systematisieren und ihre »methods« entwickeln? Schlagen wir uns auf die Seite der Praxis und erklären den Mangel als etwas Positives! Dabei könnte sich herausstellen, daß dieser Mangel unabdingbar zu einem Menschenbild gehört, das prinzipiell gegen überschaubare Systeme und rational abgesicherte Methoden gerichtet ist.

In Stanislawskis Unbehagen beim Systematisieren praktischer Erfahrungen verbirgt sich eine Anschauung von Kunst, vom Künstler, die sich vom Begriff der Praxis nicht trennen läßt.

Wenn man von Praxis spricht, von Bühnenpraxis, Alltagspraxis, vom praktischen Leben, impliziert man den Unterschied zur Theorie, zum geschlossenen System. Mit ›Praxis‹ verbindet man weniger ›innere Sicherheit‹, ›geistige Stabilität‹ als vielmehr ›körperliche Erscheinung‹, ›Unruhe‹, ›Mobilität‹.

Stanislawski selbst bewegt sich immer wieder quasi gegen sich selbst, um nicht in Dogmatik zu erstarren: »Man muß alles lesen und hören [...]. Man muß fremden Ansichten Gehör schenken – und zwar soviel wie möglich.«[103] Sein ständiger Wechsel zwischen ›innen‹ und ›außen‹, Psyche und Materie, ist eine ›praktische Dialektik‹, die es aus sich heraus verbietet, ein ästhetisches Konzept zu entwickeln, das, von ›Innerem‹ oder ›Äußerem‹ ausgehend, die Welt der Kunst, des Künstlers, in einen geschlossenen Kosmos verwandelt.

So wird der oben behauptete Mangel zu einer Qualität und bestimmt das Menschenbild: In der Praxis der Probenarbeit spiegelt sich die Dialektik der Praxis des Alltags. Der Schauspieler, der im ständigen Wechsel von ›innerer‹ und ›äußerer‹ Motivation seine Rolle einübt, findet in der Kunst keine abgesicherte Welt, in der die Mobilität, die Unruhe und Wechselhaftigkeit seines alltäglichen Lebens zur Ruhe kommen könnte.

Das Menschenbild, das sich hier quasi von selbst ergibt, weil es keiner Doktrin folgt, repräsentiert eine Einheit von ›innen‹ und ›außen‹, in der die Mobilität der Praxis fruchtbar wird. Das ist kein ästhetisches Konzept, das den Menschen vom Alltag in die Kunst versetzt, den Menschen sozusagen zum ›Künstler‹ macht. Die Dialektik zwischen ›innen‹ und ›außen‹ hält die Erfahrungen mit der alltäglichen Praxis in der künstlerischen Arbeit lebendig.

Zu Beginn des Kapitels schilderte ich die Szene mit der russischen Schauspielerin Ekaterina Strishenowa in PRINZENBAD. Ich empfand das als »Feiertag für einen Regisseur«, weil der Übergang zwischen Alltag und Rolle, zwischen Privatperson und Schauspielerin völlig unproblematisch war. Nur weil die Strishenowa in ihrer Technik, die Rolle zu finden, sich nicht in einen ›anderen‹, ›künstlerischen‹, ›genialischen Kosmos‹ entfernte, konnte sie unmittelbar nach der körperlich und psychisch anstrengenden Szene in den Alltag umschalten und dem Regisseur die normale Frage stellen, ob alles in Ordnung sei.

In Stanislawskis Menschenbild wird seine Forderung nach ›Natürlichkeit‹ auf selbstverständliche Weise wahr. Die Kunst soll der ›Natur‹ des Menschen entsprechen. So wird sie ein Teil unseres alltäglichen Lebens. Der Künstler kann seine Identität ungebrochen bewahren, ohne zwischen Kunst und Alltag hin- und hergerissen zu sein.

Wie Brecht und Strasberg macht sich auch Stanislawski Gedanken über die Wirkung des Theaters auf den Zuschauer. Die Idee einer »organischen Natur« als Prinzip theatralischer Darstellung ist Grundlage des Illusionstheaters, das Brecht so heftig bekämpft. Äußeres Zeichen ist die »vierte Wand«, durch die Bühne und Zuschauer voneinander getrennt sind. Das Geschehen auf der Bühne soll unabhängig vom Zuschauer seine eigene Realität entwickeln. Auf keinen Fall darf der Schauspieler, auch nur in Gedanken, sich an den Zuschauer richten, und so die »vierte Wand« durchbrechen. Versehen, Fehler in diesem Bereich werden von Stanislawski mit Unverständnis und harter Kritik quittiert: »Sie blickten auf die gedachte vierte Wand, die den Schauspieler vom Zuschauer trennen müßte!«[104] Das klingt wie ein persönlicher Verweis. Die Fiktion der Bühne vermittelt dem Zuschauer ein organisches Bild der unbewußten Natur, und Stanislawski fordert: »Gewinnt den Zuschauer durch echte Wahrhaftigkeit und den Glauben an das, was ihr auf der Bühne tut«, denn: »Ein guter Zuschauer möchte am liebsten alles im Theater glauben.«[105]

Das Geschehen auf der Bühne vermittelt die Illusion von Realität. »Alles muß den Glauben erwecken, daß entsprechende Gefühle, wie sie der Schauspieler auf der Bühne empfindet, im wirklichen Leben möglich sind.«[106]

Mit dem Hinweis auf das »wirkliche Leben« ist Stanislawskis Vorstellung vom Illusionstheater nicht unbedingt in eine realistische oder gar naturalistische Ebene verwiesen. Es kommt vielmehr darauf an, daß das wie auch immer geartete Leben auf der Bühne für den Zuschauer einfühlbar dargestellt ist, damit er sich mit den dargestellten Personen und deren Handlungen identifizieren kann. »Der Mensch [...] kann sich so stark in die Lage der handelnden Personen versetzen und darauf reagieren, daß er sich selbst an deren Stelle empfindet.«[107]

Die Illusion des ›wahren‹ Gefühls, der ›wahren‹ Handlung kann der Schauspieler nach Stanislawski nur evozieren, wenn er sich in der Rolle auf die Möglichkeiten seiner eigenen Person stützt. »Verlieren Sie niemals sich selbst auf der Bühne, handeln Sie immer aus Ihrer Person heraus [...]. Man kann sich selbst nicht entgehen.«[108]

Die problematische Stellung zwischen dem normalem Alltag und der Kunstwelt der Theateraufführung, die Brecht für den Schauspieler fruchtbar macht, bleibt bei Stanislawski im konservativen Kontext des 19. Jahrhunderts. Man könnte ja annehmen: Indem der Künstler in der Rolle seine eigene Person bewahrt, rettet er seinen Alltag in die Kunst. Das Gegenteil ist hier richtig. Die vollkommene Kunst triumphiert über das unvollkommene Leben, »weil uns das Schicksal auf der ganzen, unermeßlich weiten Welt ein paar hundert Kubikmeter des Theatergebäudes überlassen hat, in dem wir ein eigenes, herrliches künstlerisches Leben gestalten können«[109]. So wird dem »schöpferischen Schauspieler« »das Leben der darzustellenden Gestalt [...] oft teurer als sein eigenes«[110].

Im Blick auf die Aufführung triumphiert die Vorstellung von einem abgeschlossenen Kosmos, in dem der Künstler »den Zustand des ›Ich bin‹ schafft«, und: »Dann passiert es, daß Ihnen schwindlig wird.«[111]

Hier, aber wirklich nur hier, können sich Strasberg und sein Vorbild die Hand reichen. Wie sagte »Mr. Loman« noch? »Der größte Künstler ist derjenige, welcher in den höchsten Gefilden seiner Kunst am größten ist« (s. o.), und der wahrlich große Stanislawski spielt die gleiche Melodie: »Von Genies kann man wohl nicht sagen, daß sie übertreiben oder lügen [...]. Sie sehen das Leben anders als wir normalen Sterblichen.«[112]

Wenn Stanislawski über die Wirkung des Theaters auf den Zuschauer spricht, gibt er die Dialektik der Praxis auf, eliminiert den Wechsel zwischen ›innen‹ und ›außen‹ und stabilisiert alle Unsicherheiten in einem autonomen künstlerischen System.

Ich habe mich immer wieder gefragt, warum er hier mit einem Mal einem Dogmatismus huldigt, der die Vielschichtigkeit seiner Arbeit in ein konservatives Kunstbild verengt. Aus seiner Arbeit mit dem Schauspieler können die extrem widersprüchlichen Positionen von Brecht und Strasberg ihren Profit ziehen, was die Wirkung der Aufführung betrifft, so gibt es die Parallele nur zu einem, zu Strasberg. Vielleicht hängt die Verengung auf das Illusionstheater damit zusammen, daß Stanislawski hier endlich einmal von einem Ergebnis, einem Resultat sprechen kann, in dem die fruchtbare Dialektik, die die Proben bestimmt, zum Stillstand kommt.

Es mag aber auch sein, daß er den illusionistischen Stil seiner Moskauer Wirkungsstätte, des »Künstlertheaters«, bewußt gegen die Neuerungen, die antiillusionistischen Inszenierungen von Tairow am »Freien Theater«, von Wachtangow an der jüdischen »Habima« , von Meyerhold und von denen anderer absetzte. Die drei Genannten waren Schüler Stanislawskis, und in der persönlichen Haltung zu ihnen zeigt sich seine Größe: Es war Stanislawski, der Wachtangow mit der Leitung der »Habima« beauftragte, und für Meyerhold, den rebellischsten seiner Schüler, richtete er ein eigenes kleines Theater ein, das »Studio auf der Powarskaja«[113].

Das Illusionstheater ist keine notwendige Folge seiner Arbeit, sondern bietet sich ihm als eine ästhetische Möglichkeit, auf die er setzt. Die Spannung zwischen ›innen‹ und ›außen‹, in der sich seine Arbeit vollzieht, kann im Grunde zu ganz verschiedenen Ergebnissen führen. Und deshalb konnten sich auch so unterschiedliche Leute wie Strasberg und Brecht auf ihn beziehen.

## MENSCHENBILD, FILMBILD

Bewegt sich der Schauspieler in einem geschlossenen ›Kosmos der Kunst‹, oder öffnet er sich bei seiner Arbeit nach außen, und integriert er die Praxis, die ›Mobilität‹ des Alltags in seine Kunst? Es geht dabei nicht nur um die Person des Schauspielers. Das Menschenbild, das er präsentiert, reflektiert und beeinflußt das Menschenbild des Zuschauers.

Brecht und Stanislawski setzen sich beide auf unterschiedliche Weise mit der Funktion von Alltag und Praxis innerhalb der Kunst auseinander. Das ›Äußere‹, Körperliche, der Umgang mit Material, durchdringt das ›Innere‹ des Schauspielers und öffnet es für die Welt der alltäglichen Praxis.

Strasberg dagegen proklamiert den Primat des ›Inneren‹. Er präsentiert in seiner »method« einen abgeschlossenen Kosmos, in dem der Künstler dem alltäglichen Leben gegenübertritt als eine Art Auserwählter, als Genie, das sich abseits von der Praxis in einer unhistorischen, ›zeitlosen‹ Sphäre bewegt.

Wenn die Kunst das ›Andere‹, ›Höhere‹, ›Bessere‹ ist, dann ist der Schauspieler versucht, seinen Alltag der Kunst zu opfern, und der Zuschauer wird in seine Schranken verwiesen, das heißt, er erkennt seinen Alltag als beschränkt, seine Ideen von Veränderung, vom Ende der Beschränkung als illusionäre Träume von einer anderen Welt.

Strasberg hat seinen Ruhm vor allem durch die Arbeit mit Hollywoodstars erworben. Der Hollywoodfilm ist die Verlängerung des Illusionstheaters des 19. Jahrhunderts, der Filmstar die kommerzielle Projektion des bürgerlichen Traumbilds vom künstlerischen Genie.

Die Allmacht Hollywoods ist eine Sache, eine andere Sache ist die allgemeine Frage, welche Rolle der Film für das Menschenbild spielt, das der Künstler unserer Zeit repräsentiert. Strasberg würgt diese Diskussion sofort ab: »Die Anforderungen an das Schauspiel in Kinofilmen, Fernsehen, Theater und Oper sind grundsätzlich dieselben.«[1]

Stanislawski dagegen, von dem er seine Minimethode abgekupfert hat, öffnet sich, ist neugierig: »Es entsteht eine neue Kunst und die verlangt nach einem neuen Schauspieler.«[2]

Birgt die Filmarbeit Möglichkeiten für einen »neuen Schauspieler«, wie Stanislawski es vermutet? Zeichnen sich Konturen eines Menschenbilds ab, das unserer Zeit entspricht und nicht den ›ewigen Werten‹ der Kunst unterliegt? Sprengen die Produktionsbedingungen des Films für den Schauspieler den alten ›Kosmos‹ der Kunst?

Eine Überraschung: Es gibt bis heute keine richtungweisende Theorie über die Arbeit des Schauspielers beim Film. Die einzigen wichtigen Versuche stammen aus der Sowjetunion der dreißiger Jahre von Pudowkin, Raisman und anderen.[3] Sie übertragen Ideen Stanislawskis auf den Film, ohne dabei Methoden zu entwickeln, die den Produktionsbedingungen des neuen Mediums angemessen sind. Stanislawski selbst hat sich, soweit ich sehen kann, nie ernsthaft mit Film beschäftigt. In seinen Memoiren, MEIN LEBEN IN DER KUNST[4], kommen Filmregisseure nicht vor, weder Eisenstein noch Pudowkin oder andere illustre Zeitgenossen vom Film.

Der Mangel an schriftlich fixierter Theorie und Methode ist nicht zufällig. Selbst bedeutende Filmregisseure scheuen sich nicht, ihre Mißachtung des Schauspielers kundzutun. Bresson bezeichnet ihn als »Mannequin«, »Modell«[5], das seinen Bildern zu dienen hat, und René Clair antwortete auf die Frage, wie er mit Schauspielern arbeite: »Ich arbeite mit ihnen gar nicht, sondern ich bezahle sie.«[6]

Mancher Filmregisseur mag darunter leiden, weniger populär als seine Stars zu sein. Die eigentlichen Gründe für die häufig distanzierte Haltung zu den Darstellern aber sind strukturell bedingt, haben etwas zu tun mit der Arbeit, den Produktionsbedingungen. Der Film ist eine komplexe Kunstform, und von keinem wird in der künstlerischen Praxis mehr verzweigtes Fachwissen verlangt als vom Filmregisseur: Besetzung, Kamera, Licht, Kostüm, Architektur, Maske, Filmmaterial, Kopierwerk, Schnitt, Musik, Vertonung, Synchronisation usw. Dabei wird der Regisseur sich immer an eines klammern: das Endresultat. Er hat stets und vor allem den fertigen Film vor Augen, und diesem Ziel hat sich alles zu unterwerfen, auch der Schauspieler. So liegt es nahe, daß in den Augen des Regisseurs der Schauspieler nicht mehr ist als ein Mannequin, eine Puppe, die sich gegen Bezahlung in den komplexen Arbeitsprozeß einzuordnen hat. Das Endresultat vor Augen, denkt der Regisseur in zweidimensionalen Bildern, und dieses Denken bestimmt den konkreten Arbeitsprozeß derart, daß auch der Schauspieler an Dimension verliert.

Die Entwertung der Person des Schauspielers wird verstärkt durch spezifische Methoden der Filmproduktion. Kein Film wird von seinem Anfang bis zum Ende in der Abfolge des Skripts hergestellt. Die unterschiedlichen Drehorte, Wetter-, Licht- und Besetzungsprobleme bringen es mit sich, daß nicht chronologisch vorgegangen werden kann und daß selbst die Einstellungen innerhalb eines Bilds, einer Szene, häufig kreuz und quer gedreht werden. Dem Schauspieler fehlt die Möglichkeit, kontinuierlich einer bestimmten inneren Entwicklung zu folgen. Stets neu und stets auf andere Weise muß er für die Rolle präsent sein. Kurz hintereinander soll er traurig sein für Bild X und fröhlich für Bild Y, wobei es vorkommen kann, daß innerhalb von X oder Y das Ende zuerst und der Schluß in der Mitte gedreht wird.

Andrej Tarkowskij, einer der wenigen Filmregisseure, die sich bisweilen theoretisch mit der Arbeit des Schauspielers auseinandersetzen, nimmt dieses Problem beim Schopf und wendet es zu seinen Gunsten. »Für den Schauspieler [...] ist es mitunter schädlich«, sagt er, »das Gesamtkonzept des Regisseurs zu kennen.«[7]

Er geht so weit, den Schauspielern die Einsicht ins Drehbuch zu verweigern, und gibt ihnen, wie man es gewöhnlich mit Kleindarstellern macht, nur das Textstück für den nächsten Drehtag. Margarita Terechowa etwa, seine Protagonistin in DER SPIEGEL, »kannte [...] das Gesamtdrehbuch nicht, sondern spielte lediglich die einzelnen Abschnitte daraus«[8].

Wenn der Schauspieler nicht um das Ganze weiß, ist er nie sicher vor Überraschungen. Das hält ihn »lebendig«. Die einzige Aufgabe »des Schauspielers besteht darin«, sagt Tarkowskij, »zu leben und dem Regisseur zu vertrauen«[9]. Tarkowskij bedient sich dieser Methode, weil die Schauspieler durch ihre Ausbildung fürs Theater immer von der ›Ganzheit‹ der Person in einer fortlaufenden Handlung ausgehen. Im Film hingegen entwickelt sich »Individualität in einem Mosaik von Ablichtungen, [...] aus denen dann der Regisseur die künstlerische Einheit konstituiert«[10].

Das für den Schauspieler an sich entwürdigende Vorgehen Tarkowskijs nimmt die Produktionsbedingungen des Films ernst, und als Praktiker gibt Tarkowskij Strasbergs These von der problemlosen Übernahme der Theatermethode in den Film der Lächerlichkeit preis.

Die Methode Tarkowskijs deutet an, daß sich für den Theaterschauspieler im Film vieles ändert und daß sich hier, unter spezifischen Umständen, wirklich ein ganz anderes, neues Selbstverständnis des Künstlers entwickeln kann.

Mit dem ›Ganzen‹, an dem der (Bühnen-)Schauspieler hängt, zerstört Tarkowskij zugleich die Idee, der Künstler bewege sich in einem geschlossenen Kosmos. Die Produktionsbedingungen des Films sind es, die diesen Kosmos illusorisch machen. Bei einer Drehzeit von 30 Tagen für einen 90-Minuten-Film wird pro Tag rund 20 Minuten Film gedreht, von denen bei einem Materialverbrauch von 1:7 am Ende maximal 3 Minuten im fertigen Film erscheinen.

Der Schauspieler spielt also, falls er in jeder Szene mitmacht, an einem Drehtag weniger als eine halbe Stunde. Die ganze übrige Zeit wird mit Vorbereitungen, vor allem mit technischen Dingen – Licht, Kamera, Ton – zugebracht, was für den Schauspieler Warten heißt. Seiner künstlerischen Arbeit kommt, zeitlich gesehen, nur ein verschwindend geringer Teil an der gesamten Dreharbeit zu.

Die praktische Arbeit innerhalb des technischen Apparats läßt dem rein künstlerischen Wirken im Film weit weniger Raum als im Theater.

Weitgehend ist der Künstler den technischen Gegebenheiten ausgeliefert. Im Eingangskapitel wurde gesagt: Der Schauspieler wird sich bei seiner Arbeit selbst zum Objekt, und er selbst ist das Resultat seiner Arbeit. Im Film ist er das nicht. Das Resultat ist ein zweidimensionales Abbild, das durch technische Vorgänge – Schnitt, Vertonung – hergestellt wird.

Das Menschenbild, das sich in der Filmarbeit für den Schauspieler ergibt, entzieht sich dem geschlossenen Ganzen eines gesicherten Kosmos der Kunst. Das Resultat entsteht aus einer Mischung von Kunst und technischer Praxis. Tarkowskijs Zerstörung des Glaubens an das ›Ganze‹ ist nicht nur ein formaler Schachzug, sie trifft das Selbstverständnis des Theaterkünstlers und wandelt es in eine Richtung, die auch für Brechts Auffassung vom Schauspieler und seiner Arbeit eine Rolle spielte. Wenn Brecht sagt: »Es ist [...] nicht erlaubt, [...] von einer [...] zentral scheinenden Vorstellung vom Ganzen auszugehen«[11], so denkt er dabei natürlich nicht an den Film, sondern zerstört bewußt den abgesicherten Kosmos der Kunst, um den Schauspieler zu öffnen für die ›Mobilität‹ der alltäglichen Praxis.

Wenn man aus dieser Einsicht Profit zieht, könnten die technischen Vorgänge beim Film vom Schauspieler nicht als etwas Negatives, als ›Störung‹ gesehen werden. Erkennt er die Realität der Produktionsbedingungen an, hat er vielmehr die Chance, Alltag und Praxis in seine künstlerische Arbeit zu integrieren. Dabei kann die Realität der Filmproduktion sein ›Inneres‹ öffnen und ihn vor elitärer Abschottung bewahren.

Der Filmstar eignet sich im Grunde nicht für die Arbeit im Film. Das Paradox läßt sich leicht klären:

Der Starrummel lebt aus den Rudimenten des bürgerlichen Geniekults des 19. Jahrhunderts. Die demokratische Gesellschaft erhält sich ein paar Fürsten in einer scheinbar unpolitischen, ästhetischen Sphäre. Medien- und werbewirksam wird der Star präsentiert mit Attributen, die dem konventionellen Kunstverständnis entlehnt sind. Dem öffentlichen Applaus folgend, übernimmt ein Schauspieler die alte Existenzform des Theaterkünstlers allzugern, ohne die Realität der Produktionsbedingungen des Films anzuerkennen und für sich fruchtbar zu machen. Für die meisten Hollywoodstars gehört es zum guten Ruf, den normalen Produktionsablauf zu komplizieren. Als ich die Kalkulation für CASANOVA machte und zunächst vorhatte, einen Star zu besetzen, wurde mir von Kennern der Szene empfohlen, eine halbe Million Mark für folgende ›facilities‹ der noch nicht besetzten englischsprachigen Hauptrolle einzusetzen: spezieller Wohnwagen mit drei Zimmern zur Erholung bei Arbeitspausen, spontane, das heißt nicht vorhergesehene Erholungsreisen während der Dreharbeiten, Engagement des Licht-Doubles, das die technischen Proben anstelle des Schauspielers macht, usw.

Es geht mir nicht um die ›facilities‹ Der Hauptdarsteller soll sich wohl fühlen, fit sein, das ist in Ordnung. Bedenklich finde ich die Abkapselung und Entfernung von der praktischen, technischen Welt der Produktion. Im Grunde leidet der Filmschauspieler unter dem ›Privileg‹ des künstlerischen Genies, das in ›höheren‹, ›anderen‹, ›besseren‹ Sphären lebt, in einem eigenen Kosmos, der ›nicht von dieser Welt‹ ist. Er leidet darunter, weil die Abkapselung von der Produktionswirklichkeit einhergeht mit Täuschung und Selbsttäuschung. Er läßt sich in das negative Bild pressen, das von Bresson oder René Clair benutzt wird: Er ist das »Mannequin«, die Puppe, die nur in ihrer isolierten Funktion als Darsteller funktioniert und dafür bezahlt wird.

Man akzeptiert den Star lediglich als Zugpferd für eine Promotion, die so tut, als könne der Film das 19. Jahrhundert endlos verlängern. Der Illusionismus der Dramaturgie nimmt die Person, die den Helden gibt, in Beschlag: Von der Realität derart entfernt, glaubt der Schauspieler wohl häufig selbst, er sei etwas Besonderes, ein Star eben.

Nun gibt es neben dem ›Hollywoodfilm‹ – dem marktbeherrschenden Original und den Imitationen – eine Filmproduktion am Rande in New York etwa, in Europa und anderswo. Diese ›andere Filmproduktion‹ hat bezeichnenderweise wenig mit den Hollywood-Pattern von spannender Story, Held, Illusion, den Kategorien der Theaterdramaturgie des 19. Jahrhunderts, zu tun.

Es ist ein Kuriosum, daß ein Diskurs über diesen »anderen Film« von Brechts Filmplänen angeführt werden kann, Plänen, die er selbst nie realisieren konnte. Brechts Verhältnis zum Film war zeitlebens durch eine Art Haßliebe geprägt. Er schätzte die Versuche Piscators, den Film in die Bühnenarbeit zu integrieren, und hatte durch die Mitarbeit bei KUHLE WAMPE, Anfang der dreißiger Jahre, schon früh erfolgreich Zugang zum Medium. Im übrigen aber waren seine Versuche, sich für den Film zu engagieren, nicht vom Glück begleitet. Der DREIGROSCHENOPER-Prozeß, in dem er 1930 gegen die Verfilmung seines Bühnenstücks durch G. W. Pabst gerichtlich vorging, brachte ihm nicht mehr als den Anlaß, grundsätzlich gegen die kapitalistischen Praktiken der Filmindustrie zu polemisieren. Während seines Exils in den USA versuchte er aus Geldnot, sich den Hollywoodstudios als Drehbuchautor anzudienen. Er hatte keinen Erfolg. Nach dem Zweiten Weltkrieg wurden mehrere Projekte mit der DEFA geplant. Aber weder TILL EULENSPIEGEL noch HOFFMANNS ERZÄHLUNGEN oder andere Vorschläge ließen sich realisieren. Am Scheitern seines Lieblingsprojekts, der Verfilmung von MUTTER COURAGE, läßt sich ablesen, wie seine Ideen, die auf die Praxis seines Theaterlebens geeicht waren, mit den vorherrschenden Filmpraktiken kollidierten.

Ein wesentlicher Streitpunkt mit den Filmleuten, am Ende mit Staudte als Regisseur, war die Besetzung. Brecht bestand lange Zeit darauf, neben der allseits akzeptierten Weigel als Mutter auch die übrigen Rollen mit Schauspielern seines Berliner Ensembles zu besetzen. Er bestand darauf, weil er seine Auffassung von Dramaturgie und Schauspielführung in die Filmarbeit einbringen wollte. Aber »die herrschenden ästhetischen Konventionen des Films [...] [boten] keine Möglichkeiten, jene an eine verfremdende, aggressive, dialektische Interpretationsweise gebundene ›[...] Lehre des Stückes‹ zu vermitteln und damit die von Brecht beabsichtigte kritische Erkenntnis des Zuschauers zu provozieren«[12].

Brecht machte originelle, filmisch durchaus praktikable Vorschläge, um ein stilistisches Terrain zu entwerfen, in dem auch ›seine‹ Schauspieler sich hätten bewegen können. So schlug er zur Brechung der gängigen illusionistischen Wirkung des Films vor: »man müßte das naturalistische ausschalten. zunächst versuche technischer art: kann (durch überbelichtung und unterentwicklung usw.) eine daguereotypenhafte fotografie erreicht werden? beim arrangement müßte man das prinzip der zufälligen gruppierung aufgeben. auf der leinwand dürfte an ›dekoration‹ nur erscheinen, was mitspielt.«[13]

Immer wieder versuchte er, erst den Regisseur Engel, dann Staudte davon zu überzeugen, daß seine Methode, die im Theater funktionierte, sich auf den Film übertragen lasse. Am allerwenigsten konnten wohl die Verantwortlichen der DEFA etwas damit anfangen, die bekanntlich äußerst konventionell dachten. Brechts Vorschlag, »alles vor einem Goldhintergrund spielen zu lassen«[14], stieß auf absolutes Unverständnis. Dabei deutet er Möglichkeiten an, mit ›seinen‹ Schauspielern die Methoden der Bühne in den Film zu transponieren: Die illusionäre oder, wie Brecht sagt, »naturalistische« Wirkung des Films müsse gründlich in Frage gestellt werden, um dem Schauspieler, der mit den Techniken der Verfremdung arbeitet, eine Chance zu geben.

Ob Brechts Verfremdungstechnik sich komplett auf den Film übertragen läßt, sei dahingestellt. Bemerkenswert ist sein Instinkt, der für das andere Menschenbild seines Schauspielers vom Film eine andere Dramaturgie fordert. Und damit bleibt er nicht als eine Art Kuriosum mit »Goldhintergrund« allein.

Es gibt genug Filme, die mit dem illusionären Einfühlungsprinzip der Hollywoodstory brechen. Nicht nur die frühen expressionistischen Filme arbeiten in dieser Richtung, auch Ufa-Produktionen Anfang der dreißiger Jahre bewahren durch bewußt artifizielles Dekor vor allem in der Außenarchitektur und durch eine expressive Lichtführung den Film vor ›naturalistischer‹ Wirkung. TUMULTES von R. Siodmak (1931) ist ein schönes Beispiel dafür. Obwohl Siodmak bereits auf eine ›realistische‹ Spielweise setzt, agieren die Schauspieler in ›nichtrealistischer‹ Umgebung.

Ich vermute, daß man in Hollywood die kulissenhafte Architektur und das artifizielle Licht europäischer Filme als eine Art Unvermögen ansah. Früh begann man naturalistische Dekors zu bauen, die konsequenterweise ein naturalistisches Licht brauchten, das heißt ein Licht, das nicht mehr expressiv, also zur Verstärkung eines bestimmten Ausdrucks eingesetzt wurde, sondern den Lichtquellen der naturalistischen Dekoration (Fenster, Tür) folgte. Dieses illusionistische Bild wird komplettiert durch die durchgehend spätromantische Filmmusik, die auf Einfühlung aus ist und etwa Hanns Eislers Versuche, eine kontrapunktische, antiillusionistische Musik für den Film zu schreiben (wie für KUHLE WAMPE), zu einem historischen Kuriosum macht.

Der Hollywoodfilm verstärkt durch Architektur, Licht und Musik die illusionäre Wirkung des Darstellers.

Bei der Übermacht Hollywoods droht die andere, europäische Tradition verlorenzugehen. An die verfremdende Spielweise Brechts, an das ›Zeigen‹ seiner Schauspieler, erinnern französische Filme vom Ende der dreißiger Jahre. In Marcel Carnés DRÔLE DE DRAME (EIN SONDERBARER FALL) stimmt das antinaturalistische, bewußt kulissenhafte Dekor mit der Haltung der Schauspieler überein. Sie gehen nie komplett in der darzustellenden Figur auf, täuschen nicht die Illusion von Realität vor, sondern sind ein Teil von Carnés Kunst-Stück. Wenn »Bischof« Jouvet mit Michel Simon die Ente ißt, dann zeigt er, daß er spielt und daß ihm das Spielen Spaß macht. In der Rolle weist er, ganz im brechtschen Sinne, auf die Rolle hin, die er vertritt. Gegen Ende des Films begegnen sich Barrault und Michel Simon in einer wunderbar komischen Saufszene. Dabei ist Barrault weit entfernt davon, sich in seine Rolle einzufühlen, in ihr aufzugehen. Beim Drehen brach er regelmäßig über die Komikerkünste Simons in Lachen aus, und im Film sieht man, wie er – entgegen den Anweisungen der Regie – der Kamera den Rücken zuwendet, um sein Lachen zu verbergen. Kurz sieht man ihn noch lachen – und Carné hat das nicht weggeschnitten!

Max Ophüls hat in seinen Filmen mit Illusion und dem Brechen der Illusion gespielt. In seinem REIGEN flaniert der Protagonist Adolf Wohlbrück durch das nächtliche Wien und betritt dabei en passant und ohne Schnitt eine Bühne, die mitten in der Stadt zu stehen scheint. Dabei sagt er: »Wo sind wir hier? Auf einer Bühne? Im Studio? [...] in Wien.« Die Kamera schwenkt über die Bühne, man sieht wieder ein Stück nächtliche Stadt, und im Vordergrund erscheint eine Kamera. Wohlbrück kommt zu einem Kleiderständer, der inmitten der Stadtlandschaft postiert ist, wechselt seine Kleider, weil man, wie er sagt, sich in einer historischen Geschichte befinde, geht dann weiter, redet vom Frühling, und unversehens und ohne Schnitt ist es mit einem Mal heller Frühling.

Die Filmbilder schaffen eine eigene Realität. Die Frage, ob wir in Wien, auf einer Bühne oder im Studio sind, erübrigt sich. Wir wissen, daß wir einen Film sehen, und Ophüls läßt uns das auf spielerische Art immer wieder spüren. Im späteren Verlauf des REIGEN nimmt Wohlbrück schon mal einen Streifen 35-mm-Material in die Hand und fragt, ob man die Szene kürzen soll oder nicht.

Ophüls hat Hörspiele gemacht und über zweihundert Theaterinszenierungen. Er war auf dem künstlerischen Stand seiner Zeit. Für ihn gab es im Film kein Zurück zum Illusionstheater des 19. Jahrhunderts.

Die Tradition einer antiillusionistischen Filmkunst wird in Frankreich bis in die achtziger Jahre vor allem von Jacques Demy fortgesetzt. In UNE CHAMBRE EN VILLE (EIN ZIMMER IN DER STADT, 1982) wird die Achtundsechziger-Revolte besungen, jawohl: besungen. Dominique Sanda singt sich da mit den anderen Protagonisten durch ein wundersames Melodram, das mit seinen banalen Texten weniger dem pathetischen Inhalt als den Sangeskünsten der Akteure entspricht (»Wie geht es dir? Hast du heute gut geschlafen?«). Arbeiter und Studenten formieren sich auf der Straße gegen die Polizei und singen ihre revolutionären Parolen, auf die die Polizei singend antwortet. Eine Komödie? Keineswegs. Nach ein paar Minuten akzeptiert man die Singerei und findet das Ganze schön melodramatisch. Ich habe Zuschauer während einer Vorführung weinen sehen. Man ist häufig gerührt, wird aber immer wieder aus dieser Stimmung herausgerissen durch die verfremdende Art des Singens der banalen Texte, und häufig schießt es einem durch den Kopf: Was ist mit mir los? Wo bin ich hier? Soll ich das Ganze wirklich ernst nehmen, wenn mir bei diesem wunderbaren Revolutionskitsch die Tränen kommen?

Ein Beispiel aus unseren Tagen, das mit Operneffekten jongliert und dadurch das Einfühlen in die Kinoillusion immer wieder bricht: Aki Kaurismäkis La vie de bohème (Das Leben der Bohème, 1992). Hier, wo man es erwarten könnte, wird nicht gesungen. Der gewohnte Opernflitter wird durch derbe Schwarzweißbilder gekontert, und die opernhaften, gekünstelten Texte werden in einem schnoddrigen Alltagston gesprochen.

Ein amüsantes Vergnügen und stets rührend die, o ja, tragischen Schicksale! Da guckt Brechts Ingenieur durch die Kamera, zu aller Vergnügen.

Es gibt natürlich auch in Deutschland nach dem Krieg Versuche, die illusionäre Wirkung des Films zu brechen.

Die frühen Filme Fassbinders gehören dazu, und auf andere Weise weist der große, in Deutschland völlig untergebutterte Jean-Marie Straub mit Nicht versöhnt (1965) und Die Chronik der Anna Magdalena Bach (1967) in diese Richtung ebenso wie der komplett mißverstandene Achternbusch, der mit Polemiken gegen den durch und durch katholischen Film Das Gespenst Anfang der achtziger Jahre von Bischofskonferenz, Staatsanwalt und Regierung abgekanzelt und ins Kuriositäteneck abgeschoben wurde.

Bezeichnend für die Abhängigkeit vom ›Geschmack‹ Hollywoods ist die Reaktion der Kritik auf die meisten Filme Bernhard Wickis. Was man in seinem berühmten Film Die Brücke (1959) noch nachvollziehen konnte, wird ihm später vorgeworfen: Den besten seiner Filme fehlt der Held, the leading person. Ob im WUNDER DES MALACHIAS (1961) oder in der EROBERUNG DER ZITADELLE (1976), in SANSIBAR ODER DER LETZTE GRUND (1987) oder in DAS SPINNENNETZ (1986–89) – an die Stelle des einzelnen Helden setzt Wicki ein Geflecht von Personen. Und der überwiegende Teil der Kritik nimmt ihm das übel. Häufig picken die Kritiker eine Person heraus, erklären sie zur wichtigsten Rolle und beschimpfen dann den Schauspieler, daß er den Film nicht trage. Die Einigkeit der Kritiker in dieser Art der Beurteilung geht bei der EROBERUNG DER ZITADELLE ins Groteske: Im Zentrum steht eine anarchische Gruppe von Arbeitern. Einer von ihnen wird von Andras Fricsay gespielt. Er entwickelt sich im Film vom individualistischen Einzelgänger zum Mitglied der Gruppe, tritt mehr und mehr in das anarchische Kollektiv zurück. Lauthals und fast einmütig verkündigt die Kritik, Fricsay ›trage‹ den Film nicht![15]

Fehlt der Held, muß was faul sein im Film! Die Sehnsucht nach einem Führer ist immer noch Grundlage unserer Demokratie.

Ich kann hier nur wenige Beispiele für jene ›anderen‹ Filme anführen, die auf sehr vielfältige Weise versuchen, sich gegen die Finanzmaschinerie Hollywoods zu behaupten. Zahlreiche deutsche Autorenfilme gehören dazu, deren Weiterentwicklung Anfang der achtziger Jahre abgewürgt wurde, weil die Fördergremien die kindliche Vorstellung hatten, mit hollywoodähnlichen Produkten am großen Markt partizipieren zu können. Die Filme von Werner Schroeter, Alexander Kluge, Reinhard Hauff, dem jungen Werner Herzog und anderen laufen Sturm gegen das Illusionstheater hollywoodscher Prägung. Diese Regisseure haben jahrelang nichts produziert und dürfen in unseren Tagen der Presse entnehmen, daß im Lande nun doch endlich ein »Hauch von Hollywood« zu verspüren sei. Die hehre Aufgabe der Fördergremien für Filmkunst lag in den vergangenen Jahren vor allem in einer Art internationaler

Wirtschaftsförderung. Amerikanische Verleihe haben sich in den neunziger Jahren deutscher Mittelmäßigkeit angenommen und bringen durch hohe Kopienzahl kleine Durchschnittskomödien unters Volk. Hollywood zeigt, wie man das europäische Autorenkino und die deutschen Gremienträume vom internationalen Markt auf einen Schlag erledigt: Man bedient den deutschen Markt mit nationalen Produkten, die international keine Chance haben. Die Zukunft wird wunderbar: Die Geldmaschinerie aus Los Angeles wird die Filme in deutscher Sprache demnächst in Berlin, Köln oder München auch noch selbst produzieren. Der ökonomische Kreislauf wird in Dollar notiert, und die nationale Filmkultur hat endlich ihren lang ersehnten »Hauch«.

Eine Hoffnung im Verborgenen sind die Filme, die nach der ›Wende‹ 1989 in Osteuropa produziert wurden. Der grandiose, wie ein Videoclip geschnittene DON GIO (1992) von den Prager Brüdern Caban etwa erzählt den Don-Giovanni-Stoff auf so vielen Ebenen, daß man bald nicht mehr auf die Brüche achtet und sich einem regelrechten Bilderrausch hingibt. Große Filme wie das Debüt des Ungarn Tamás Tóth, DETI CHUGUNNYK BOGA (DIE KINDER DER EISERNEN GÖTTER, 1994), werden im Westen nicht einmal mehr auf Festivals wahrgenommen, aber sie werden produziert, trotz und gegen Hollywood.

Es gibt Anlaß zu der Hoffnung, daß in den USA selbst sich eine bedeutende Konkurrenz zu ›Hollywood‹ formiert. Da sind New Yorker Filme, etwa Alex Proyas' THE CROW (THE CROW – DIE KRÄHE) von 1993, in denen die alten Einfühlungstechniken, das ›Illusionstheater‹ Hollywoods, verabschiedet wird. In New York wird seit einigen Jahren die Marktlücke geschlossen, die nicht zuletzt durch den staatlich programmierten Niedergang des deutschen Autorenfilms entstanden ist. Während die bundesrepublikanischen Fördergremien immer noch ihrem erbärmlichen Hollywoodtraum nachhängen, machen andere gute Geschäfte in den Marktlücken, die Hollywood nicht zu bedienen vermag, und sie machen diese Geschäfte mit Filmen, die von den Freunden Hollywoods immer noch und immer wieder als ›künstlich‹, ›absurd‹, ›surreal‹ usw. apostrophiert werden.

Manchmal geschieht das Unerwartete. Hoffnung macht der Erfolg eines deutschen Films von 1998: LOLA RENNT von Tom Tykwer. Der Film eliminiert die ›klassische‹ Dramaturgie und spielt mit ihr durch Wiederholung und Variation.

Die heutige Entwicklung der Filmtechnik ins Virtuelle und die massenhafte Verbreitung von Videoclips können eine Chance sein, neben dem Illusionskino auch jene Stilrichtungen stärker ins Bewußtsein zu rücken, die auf Einfühlung und Imitation von realen Handlungen und Gefühlen verzichten, die dem 19. Jahrhundert entliehene Story-Dramaturgie hinter sich lassen und dem Film sein wahres Wesen zurückgeben: Filme sind Kunststücke, die unsere Realität begleiten, ergänzen, aufbrechen.

Der Film und die Praxis seiner Produktion bergen für den Schauspieler die Möglichkeit, sich aus dem abgeschlossenen Kunstkosmos zu befreien, der ihm eine elitäre Geborgenheit verspricht und ihm nur die alltagsferne Traumwelt eines längst vergangenen Illusionstheaters bietet. Die illusionäre Aufbereitung des Hollywoodfilms (wo immer er gedreht wird) konserviert den ›Künstler‹ und das Menschenbild vergangener Tage. Die Möglichkeiten einer Änderung hängen ab von den Filmen, die produziert werden, und von den Produktionsbedingungen.

Die Konvention des illusionären Kinos beherrscht den Markt. Und in aller Regel ist einem Schauspieler nicht zu raten, mit brechtschen Verfremdungstechniken vor die Kamera zu treten oder ein Casting zu bestreiten. Eins aber ist von Brecht in jedem Fall zu lernen: Seine Techniken, an eine Rolle von ›außen‹ heranzugehen, kommen der Praxis der Filmarbeit entgegen und lassen die vielen technischen Details der Filmproduktion nicht als prinzipiell andere, fremde Welt erscheinen. Ich versuche, den Schauspieler in den Produktionsprozeß zu integrieren, ihn nicht als Star, ›Künstler‹ außen vor zu lassen, um ihn dann nach Belieben als »Modell«, »Mannequin« einzusetzen. Ich habe mir während der Arbeit immer den Luxus erlaubt, jeden einzelnen Schauspieler wichtiger zu nehmen als das künstlerische Gesamtergebnis. Die Menschen, mit denen ich es bei einer Filmproduktion zu tun habe, können genausowenig wie ich selbst durch ein paar hundert Meter Zelluloid aufgewogen werden. Das ist kein moralischer Tick, sondern entspringt der schieren Lust, mich mit Artgenossen abzugeben.

Nach meinen frühen Erfahrungen mit den völlig divergierenden Ansätzen von Schauspielern wie Katharina Thalbach und Branko Samarovski habe ich mich kundig gemacht und kenne die Voraussetzungen, die jeder Schauspieler durch seine spezifische Ausbildung mit sich bringt. Die besprochenen Methoden von Strasberg, Brecht und Stanislawski decken das Spektrum ab, von der Innerlichkeit bis zum Umgang mit Material. Die Schulen von Grotowski, Tschechow und anderen lassen sich in dieses Spektrum einordnen.[16]

Es gibt eine Bedingung für das Drehen eines Films, die hierzulande leider nur selten erfüllt wird. Um sich während des Drehens auf den Schauspieler konzentrieren zu können, muß der Regisseur ein technisches Drehbuch erarbeiten, und zwar gemeinsam mit dem Kameramann und in Absprache mit dem Architekten. Andernfalls bleibt ihm beim Drehen gar keine Zeit für die Schauspieler, weil er dauernd mit technischen Fragen beschäftigt ist.

Ich halte nichts von Storyboards, also der Einteilung einer Szene in Cadragen, in die diversen Kameraeinstellungen. Das ist nur ein Teil des technischen Drehbuchs. Nötig sind maßstabgerechte Planzeichnungen von jedem Drehort, die der Architekt liefert. In diesen Zeichnungen markiere ich Position und mögliche Bewegung der Kamera sowie die Positionen und möglichen Bewegungen der Akteure. Das geschieht für alle Einstellungen. Die werden jeweils am Rand, mit Angabe der Cadrage, verzeichnet.

Ich erarbeite diese Pläne in mehreren Stufen. Eine erste Fassung mache ich allein am Schreibtisch. Dann kommt die wichtigste Phase, die den Produzenten erst wütend und dann glücklich macht. Sie kostet nämlich erst Geld, dann aber verkürzt sie die Drehzeit. Ich besuche mit dem Kameramann und dem Architekten jeden Drehort, und wir gehen gemeinsam die von mir vornotierten Einstellungen durch. Es ist gut, eine Kamera dabeizuhaben oder zumindest einen Sucher, der die Kamera simuliert. Das kostet Zeit. Es empfiehlt sich, die am Schreibtisch entworfenen Aufzeichnungen nur als vorläufigen Vorschlag anzusehen. Dann wird sich zeigen, wieviel davon übrigbleibt.

Auf jeden Fall beendet man diese Arbeit in Übereinstimmung mit dem Kameramann, was Auseinandersetzungen beim Drehen überflüssig macht. Während dieser Arbeit wird das Lichtkonzept, über das sicher schon vorher geredet worden ist, so gut es geht, konkretisiert, das heißt, der Kameramann schreibt die erforderlichen Lampen in den Plan und markiert ihre voraussichtliche Position. In einer letzten Vorbereitungsphase überarbeite ich mit dem Kameramann noch einmal sämtliche Pläne am Schreibtisch. Anhand dieser Pläne wird der Produktionsablauf, der inzwischen von der Produktion entworfen wurde, erneut bearbeitet und unter Umständen korrigiert. Ich kenne nämlich jetzt die Anzahl der Einstellungen, die pro Tag zu drehen sind, und weiß, daß ich selten mehr als fünfzehn Einstellungen innen und zwölf Einstellungen außen an einem Tag schaffe. Am Drehtag stehe ich früh auf, gehe den Plan für den Tag noch einmal durch, korrigiere das eine oder andere, was sich dem Rhythmus des bisher Gedrehten anzupassen hat, und habe die Pläne für den Tag auswendig im Kopf, wenn ich zum Drehort komme. Beim Drehen ändert sich wenig an der Vorlage. Änderungen gehen meistens auf Initiative des Kameramanns zurück. Ich habe viel Freiheit, mich mit den Schauspielern und auch mit der Komparserie abzugeben.

Am besten ist es, den Film zu besetzen, ehe man das Drehbuch schreibt. Zumindest in Gedanken sollte man sich damit befassen. In aller Regel aber findet die Besetzung erst nach Fertigstellung des Drehbuchs statt.

Besetzung, Videocasting. Ein Schauspieler betritt einen Raum, in dem eine Kamera neben einem Kameramann steht und ein Regisseur neben einer Sekretärin oder einem Assistenten sitzt, der Notizen macht. Nach ein paar Begrüßungsfloskeln bittet der Regisseur den Schauspieler, etwas vorzuspielen, was er im Zusammenhang mit der zu besetzenden Rolle als wichtig erachtet. Das wird dann mit der Videokamera aufgezeichnet. Am Ende sortiert man die Videos aus, und es wird besetzt. Ich halte das für meschugge.

Beim Videocasting lerne ich die Person, mit der ich unter Umständen wochenlang arbeiten muß, in keiner Weise kennen, sondern bekomme nur einen durch die vorgespielte Rolle verstellten Eindruck. Ich unterhalte mich lieber mit den Leuten, merke dabei, ob sie sich unbefangen benehmen oder mir etwas vorspielen, und wenn sie mir etwas vorspielen, achte ich darauf, wie sie das machen. Ich erfahre auf jeden Fall etwas über eine Person und nicht über deren Verstellungskünste vor der Kamera. Und die filmische, optische Wirkung? Man bekommt einen Blick dafür, der auf das Video verzichten kann. Im Zweifelsfall läßt sich immer noch eine Aufnahme machen.

Im persönlichen Gespräch kann ich die Palette der Möglichkeiten entdecken, die in einer Person offenliegen oder versteckt sind. Das ist spannend und außerordentlich anstrengend. Am Ende eines solchen Castingtages ist das Hirn derart voll von Details, daß man sich wohl manchmal ein Video wünscht, um sich überhaupt an die Leute erinnern zu können, die man getroffen hat. Darin liegt jedoch ein weiterer Vorteil dieser Methode: An was erinnert man sich? An wenig, wenige Gesichter, Sätze, Bewegungen. Aber die gehören zu den Personen, die sich am stärksten eingeprägt haben – ein exzellentes Kriterium für die Besetzung!

Ich schicke den Schauspielern das Drehbuch und mache einen Treffpunkt aus. Beim ersten Arbeitsgespräch treffe ich sie am liebsten in ihrer eigenen Umgebung, weil sie dort sicher und unverstellt sind. So kann ich der Überzeugung von Marianne Hoppe folgen, die betonte, daß der Schauspieler im Film nur das sein kann, was er in seinem alltäglichen Leben ist. In der Praxis der alltäglichen Begegnung, und sei sie von Fall zu Fall auch nur kurz, muß ich meinen Blick schärfen für das, was der Schauspieler ist und was zu sein er vermag.

Ich vermeide Treffen an öffentlichen Orten. Sie geraten häufig zu Auftritten. Ich will auf jeden Fall verhindern, daß von vornherein geschauspielert wird. So schlage ich beim ersten Treffen einen privaten Ton an, erzähle auch von mir selbst. Das Drehbuch, das auf dem Tisch liegt oder das der Schauspieler in der Hand hält, gerät in Vergessenheit. Ich bitte dann, den Text mit mir durchzugehen, indem der Schauspieler seine Rolle liest und ich alles andere lese. Da ich ohne große Betonung lese, paßt sich der Schauspieler in der Regel dieser Tonlage an, um sich nicht durch berufsbedingtes ›Können‹ lächerlich zu machen. Das heißt, wir lesen den Text möglichst neutral durch, und der Schauspieler kann dabei seine Rolle wie eine Sache ansehen, von außen. Es ergeben sich erste Fragen. Falls schon Fragen nach Idee, psychischer Verfassung der Person und andere ›innere‹ Themen anklingen, lasse ich das unkommentiert. Häufig kommen in diesem ersten Stadium Bedenken auf bezüglich der Sprechbarkeit des einen oder anderen Satzes. »Ich würde das so nicht sagen«, heißt es dann, und da steige ich gerne ein. Ich muß nämlich um alles in der Welt herausbekommen, was die Person kann und was sie nicht kann. Wenn ein Schauspieler in einem Film etwas falsch macht, schlecht macht, dann ist das primär ein Problem des Regisseurs, der den Schauspieler nicht richtig eingeschätzt hat.

Gerne ändere ich mit dem Schauspieler hier und da den Text. So gerät er von außen ein Stück weit in das Gefüge der Rolle, die sich seinen Möglichkeiten anpaßt. Er bekommt das Gefühl, daß die Rolle sein Eigenes wird. Diese Linie ist zu verfolgen. Nachdem der Text einmal quasi von außen, ohne Betonung und Schauspielerei durchgegangen ist, kümmere ich mich nicht mehr um den Dialog.

Die Worte sind eine selbstverständliche Folge der Haltung, die der Schauspieler schließlich in der Rolle einnimmt. Ich empfehle ihm, den Text erst gegen Ende der Vorbereitungen zu studieren.

Nach der gemeinsamen Lektüre werden häufig erste Erkenntnisse über die »psychische Verfassung, die psychologische Linie« der Figur geäußert. Ich kommentiere solche Äußerungen nicht, nehme sie meistens mit einem Kopfnicken hin. Feststellungen wie: »Da ist er mutig, hier hat er Angst, im Grunde ist er eine starke, schwache, behinderte, großartige, erbärmliche Figur« helfen gar nicht weiter, verstellen vielmehr den einzuschlagenden Weg, weil sie im Abstrakten eine vorschnelle Übereinkunft vortäuschen.

Wie aber reagiert man auf Strasbergs Musterschüler, die doch gerade das Innere mit eigenem innerem Blut beleben wollen. Ich lasse sie über diese Möglichkeiten erzählen und antworte mit Konkretem. Es gibt nämlich keinen Schauspieler, der nicht Spaß daran hätte, mit äußeren Dingen, mit Material, zu arbeiten. So wird auch der tiefsinnigste Einfühler sich gern Gedanken darüber machen, welches Kostüm ihm in der Rolle entsprechen könnte. Ob das Kostüm wechseln soll, welche Farbe dominieren soll, ob der Mann den Anzug auch tragen kann, den er sich vorstellt, ob die Frau dekolletiert zum Ball gehen soll oder nicht – mit solchen Fragen nimmt die Rolle Gestalt an, ohne daß ein einziges theoretisches Wort verloren wird. Natürlich geht es dabei nicht nur um die Rolle, sondern immer auch um die Persönlichkeit des Schauspielers, die ich einzuschätzen lernen muß.

Wie man dabei vorgeht, hängt von der Rolle und von der Person des Schauspielers ab. Man kann sich darüber klarwerden, wie die Figur geht, sitzt, steht, kann typische Handbewegungen ausprobieren und verschiedene Körperhaltungen. Haartracht, Maske, Schmuck, das Kostüm, selbst die Frage, welche Schuhe die Figur wohl tragen kann, Schuhe, die man im Film meist nicht sieht – all das kann zur Figur führen. Gerade bei Strasberg-Schülern spare ich die inneren, psychologischen Aspekte nach Möglichkeit aus. Immer lege ich den Schwerpunkt auf den Umgang mit äußerem Material. Das kann auch bei einem Schauspieler, der ganz auf sein Inneres vertraut, den Blick öffnen für die äußeren, filmtechnischen Dinge, die an sich zu seiner Arbeit gehören.

Dabei bleibt im Umgang mit den äußeren Dingen genug Nichtmaterielles, um auch den Tiefsinnigsten zufriedenzustellen. Schauspieler und Regisseur müssen nämlich ein Gefühl dafür entwickeln, was stimmt und was nicht stimmt. Das ›Innere‹, Emotionale, kommt also nicht zu kurz. Die dauernde Frage nämlich, welches Material man brauchen kann und welches nicht, die Frage, wie die äußeren Dinge zur Rolle passen und wie sie untereinander harmonieren, ist ein irrationaler Vorgang. Schauspieler und Regisseur reden nicht über Gefühle, sondern entwickeln gemeinsam ein Gefühl für das Stimmige.

Es ist gut, die Schauspieler mit ihrem Innenleben allein zu lassen. Katharina Thalbach hat mir gesagt, daß sie für jede Rolle ein Geheimnis erfindet, das nur sie und unter Umständen der Regisseur kennt. Für FRIEDLICHE TAGE dachte sie sich eine mysteriöse Vorgeschichte aus, die ich hier nicht verraten werde.

Das Geheimnis gibt dem Schauspieler Sicherheit und kann helfen, ihm jene Dimension der Frische, des Unvorbereiteten, der Überraschung zu geben, die Tarkowskij fordert, wenn er gegen das einschläfernde Ganzheitsstreben der Schauspieler angeht und selbst seinem Star die Lektüre des Drehbuchs, wie einem Kleindarsteller, nur vom einen zum anderen Drehtag gestattet.

Das Gesicht ist im Film ein Geheimnisträger. Theaterschauspieler, die wenig Filmerfahrung haben, müssen das lernen. Der Schauspieler soll im Gesicht nichts ausdrücken wollen. Wie die Sprache als natürliches Ergebnis der von der Figur eingenommenen Haltung erscheinen soll, so wird auch das Gesicht, wie unbeabsichtigt, alles spiegeln, was der Schauspieler tut. Manchmal erscheinen Reaktionen im Gesicht zu deutlich, ohne daß der Schauspieler das will oder gar bemerkt. Der Regisseur soll dann eingreifen und die Reaktion reduzieren. Nicht nur die eigene Haltung, auch das Umfeld der Handlung gibt dem Gesicht wie von selbst die Bedeutung, die die Szene erfordert. Wenn man das Gesicht der Marlene Dietrich aus verschiedenen Filmen und unterschiedlichen Situationen herausnimmt und die Bilder miteinander vergleicht, kann es sein, daß man kaum einen Unterschied feststellt. Im Film selbst aber hat man den Eindruck, daß ihr Gesicht einmal Trauer, einmal Freude, dann Verzweiflung und schließlich Gleichgültigkeit zeigt.

Der gleiche Gesichtsausdruck erhält durch die szenische Umgebung wechselnde Bedeutung. Der Zuschauer nämlich liest das, was er fühlt, in das Gesicht hinein. Und die Figur, die ihm nichts ›vormacht‹, bleibt für ihn etwas Geheimnisvolles, das sich nicht preisgibt in schauspielerischer Aktion. Der gleiche Zuschauer, der hingerissen ist von dem Gefühlsausdruck, den er selbst in den Mimen hineinsieht, fragt sich, während er sein Gefühl genießt, was die Figur ›eigentlich‹ denkt, wie sie ›in Wahrheit‹ reagiert, da sie so wenig ›sich anmerken‹ läßt.

Ich bespreche in der Vorbereitungszeit nie etwas zu dritt und probiere niemals mit mehreren. Das hat verschiedene Gründe. Ich will möglichst viel von der unverstellten, privaten Person erfahren. Ein Dritter würde dieses schwierige Kennenlernen stören. Beim Proben zu mehreren wird sich bald herausstellen, daß ein Schauspieler dominiert, die anderen sich krampfhaft anstrengen, ›gleichzuziehen‹, usw. Es entsteht leicht ein ungutes Klima von Konkurrenz. Jeder einzelne soll sich mit dem Regisseur in seine Rolle begeben und dort eine Haltung finden, die durch die Zusammenarbeit mit dem Regisseur so abgesichert ist, daß er darauf vertrauen kann, nichts falsch zu machen.

Wenn er beim Drehen Szene für Szene auf die anderen Schauspieler stößt, wird ihm diese Sicherheit in einer Weise helfen, mit der er kaum rechnen konnte. Meist verliert er nämlich zunächst die gewonnene Sicherheit, weil er nicht weiß, wie seine Partner agieren und reagieren. So entsteht notgedrungen für jeden etwas Neues, mit dem in der Vorbereitung nicht gerechnet werden konnte.

Der Regisseur achtet darauf, daß keiner unter dem Druck der Situation grundsätzlich von der besprochenen Linie abweicht. Die Spannung zwischen den Schauspielern wird zur Spannung zwischen den Figuren und nötigt jedem einzelnen ein großes Maß an Flexibilität und spontanen Reaktionen ab. Die mit dem Regisseur erarbeitete Grundhaltung aber gibt die innere Sicherheit, um sich darauf einlassen und das Neue, Überraschende, das im Zusammenspiel mit dem Partner entsteht, zulassen zu können.

Der Regisseur muß ein Gefühl dafür entwickeln, was zusammenpaßt. Oft wird ein Miteinander nur vorgetäuscht, und weder im Tonfall noch im Tempo, noch im Bewegungsablauf gehen die Partner aufeinander ein. Wenn es an Homogenität im Zusammenspiel der Akteure mangelt, heißt es meist, der eine oder andere Schauspieler sei ›schlecht‹ gewesen. In Wahrheit hat der Regisseur sie nicht richtig zusammengebracht, oder er hat über ihre Möglichkeiten hinweginszeniert. Der von Tarkowskij geforderten Frische und Spontaneität wegen sollte auf jeden Fall auf frühzeitiges gemeinsames Probieren verzichtet werden.

Über einen Mangel an ›Innerem‹, an Emotionalität, wird man bei einer Filmproduktion schwerlich klagen können. Ich denke, daß kein Regisseur, zumal wenn er auch der Autor des Filmbuchs ist, seinen Schauspielern gegenüber gleichgültig bleiben kann. Manchmal werden vom Regisseur perfekte emotionale Volten und anstrengende Kapriolen verlangt. Ich habe mehrmals mit Adelheid Arndt gearbeitet, die die Methoden der inneren Einfühlung beherrscht. Privat hatten wir allerlei vergnügliche Auseinandersetzungen über »diesen verdammten innerlichen Unsinn«. Sie ist intelligent, gebildet, scharfsinnig und schien mir prädestiniert, mehr auf brechtsche Weise von außen an die Rollen heranzugehen. Um den Beweis anzutreten, schrieb ich ihr eine große Rolle in der HEIRATSSCHWINDLERIN. Im Film beschwindelt die Protagonistin reihenweise die Männer und macht sie schwindlig, indem sie ihnen etwas vorspielt.

Wenn ich nun dachte, ich würde sie damit in die brechtsche Technik zwingen, aus der Rolle zu treten, die Rolle von außen zu betrachten, mit der Rolle zu spielen, so hatte ich mich getäuscht. Nein, sie fühlte sich ein in die Rolle der Schwindlerin, die einmal ›wahr‹ und ein anderes Mal ›unwahr‹ agiert.

Ihre Einfühlung ging so weit, daß sie die Distanz, die sie in der Rolle zu ihrer eigenen Wahrheit hatte, auf mich übertrug. Ich merkte bald die Spannung, die sie mir gegenüber aufbaute, und entschloß mich, sie zufriedenzustellen: Bei jeder Gelegenheit fing ich einen Krach an. Schließlich flogen derart die Fetzen, daß die Leute aus dem Team, die unsere gute, freundschaftliche Beziehung nicht kannten, wohl manchmal mit einem vorzeitigen Ende der Dreharbeiten rechneten. Später amüsierten wir uns über die Arbeit, und ich gab es endgültig auf, mich über ihre Einfühlungstechniken zu mokieren.

Der Schauspieler spürt die Präsenz des Regisseurs, und die Wirkung seines Spiels hängt auch davon ab, ob der Regisseur gleichgültig ist oder engagiert. Während des Drehens finden Übertragungen statt, an denen jeder Parapsychologe seine Freude hätte. Wenn die Klappe geschlagen wird, soll der Regisseur dicht neben der Kamera stehen. Das ist eine Binsenwahrheit, wenn man bedenkt, daß sein Blickfeld der Perspektive der Kamera entsprechen soll. Es steckt noch etwas anderes dahinter. Ein geübter Filmschauspieler weiß immer um die Position der Kamera und agiert nicht, ohne die Größe des Bildausschnitts zu kennen. Wem das zu wenig natürlich vorkommt, der vergißt, daß es immer wieder Situationen gibt, in denen aus optischen Gründen die Stellung zum Partner unnatürlich sein muß und im Hinblick auf die Kamera korrigiert wird. Der Schauspieler kommt also nicht darum herum, auch ›für die Kamera‹ zu agieren. Dabei kann ihm der Regisseur, der dicht neben der Kamera steht, eine Stütze sein. In schwierigen Momenten, Momenten von Unsicherheit und aufkommender Angst, kann dem Schauspieler der ›innere Draht‹ zu demjenigen behilflich sein, mit dem er seine Grundhaltung abgestimmt hat.

Der ›Hollywoodfilm‹ verlängert mit Story und Heldenstar das abgewrackte Illusionstheater des 19. Jahrhunderts in unsere Zeit. Ich habe an sich nichts gegen Story, Spannung, große Rollen, Identifikation und schöne Illusionen. Ich wende mich gegen den Alleinanspruch dieser Kriterien, die uns auf höchst irreale Weise als Realität verkauft werden. Die alten Schemata halten die Filmkunst in einem separaten, ahistorischen Bereich. Was da unter ›ästhetischen Normen‹ erscheint, wird zur Ideologie eines statischen, hierarchischen Weltbildes, das mit Held und Happy-End unsere angstbeladenen Sehnsüchte nach sicherer Autorität und geregeltem Ablauf des Lebens anspricht und zugleich befriedigt. Der Schauspieler, in dessen Arbeit sich dieses Weltbild spiegelt, zahlt die Zeche. Will er das ändern, durchblicken, die Spiegel zerschlagen, muß er sich aus dem ›Kosmos der Kunst‹ befreien.

Stanislawski zeigt in seiner Arbeit, wie ›geschlossenes System‹, ›Kosmos‹, wie der Traum vom ›Ganzen‹ und jede Ideologie wie von selbst zerbrechen durch die Praxis. Kunst ist nicht Alltag. Der geschlossene ›Kosmos der Kunst‹ aber kann für den Schauspieler in Bewegung gesetzt und aufgebrochen werden durch die ›Mobilität‹ von Praxis und alltäglichem Leben.

Wer im Theater arbeitet, in den »paar hundert Kubikmeter[n] des Theatergebäudes, in dem wir ein eigenes, herrliches künstlerisches Leben gestalten können«[17], weiß um die verführerische Abgeschlossenheit von der ›Welt draußen‹. Im Film wird draußen und drinnen, kreuz und quer gearbeitet, und die Produktion wird weitgehend bestimmt durch technische, materielle, praktische Dinge. Der Film fordert den »neuen Schauspieler«, den Stanislawski erahnt. Der Schauspieler sollte die Illusion begraben, in der Kunst zum ›Ganzen‹ zu kommen, zu einem bruchlos identischen ›Ich‹.

Bei Strasberg wird diese Illusion zu einer gefährlichen existentiellen Täuschung. Sein ›Inneres‹ ist nicht das ›Ganze‹, und je mehr er seine »method« abkapselt und narzißtisch als umfassend und vollendet darstellt, um so mehr offenbart er seinen eigenen Mangel und die Armut seines Systems.

Mit dem Blick auf den Schauspieler ändert sich die Diskussion um Kunst. Es geht nicht länger um ästhetische Kategorien. Mit den Schauspielern stehen Existenzen zur Disposition. Um sein Leben zu retten, sollte der Schauspieler auf das zweifelhafte Privileg verzichten, das ihm »das Leben der darzustellenden Gestalt […] oft teurer als sein eigenes«[18] erscheinen läßt. Er hat die Chance, in einem sicheren, begrenzten Spielraum seine Gefühle, Haltungen, Fähigkeiten zu erproben. Er kann sie sich und anderen zeigen und gleichsam experimentell ausleben.

In diesem Bild vom Künstler, Menschenbild, ist die Kunst nicht das Zentrum, das die gesamte Existenz bestimmt. Ich argumentiere nicht vom Standpunkt der Kunst aus. Ich habe mein Leben im Sinn, und dabei spielt das ›Experimentierfeld Kunst‹ eine Rolle, die ich mit den Schauspielern bei der Arbeit teile.

# ANMERKUNGEN

## LEE STRASBERG

1 Im Kapitel über Stanislawski wird sich zeigen, daß das »Spätwerk« des Russen zum Teil ein »Werk« verschiedener Herausgeber ist. Die Erklärung ist so simpel wie haarsträubend: Einige frühe Editionen aus der umfangreichen Hinterlassenschaft Stanislawskis sind unter ganz bestimmten (psychologiefreundlichen) Aspekten zusammengestellt worden. Das gilt dann als »Frühwerk«. Die mehr materiellen Aspekte seiner Arbeit sind zum Teil erst später ediert worden und machen so das angebliche »Spätwerk« aus. Diese auf einer erstaunlichen Schlamperei beruhende Täuschung, der auch manche Theoretiker der Schauspielkunst Vorschub leisten, fand außerhalb Rußlands erst mit der Berliner Herausgabe des Henschel Verlags ein Ende. Auch Brecht ist dieser Täuschung aufgesessen.

2 Strasberg, Lee, SCHAUSPIELEN UND DAS TRAINING DES SCHAUSPIELERS, Berlin 1988, S. 30.

3 Vgl. ebd., S. 29.

4 Vgl. ebd.

5 Ebd., S. 76.

6 Stanislawski, DIE ARBEIT DES SCHAUSPIELERS AN SICH SELBST, I, Berlin 1961 (nach der russischen Erstausgabe, Moskau 1954), S. 191; vgl. auch Anmerkung 36, ebd.

7 Ribot, Theodule, PROBLÈMES DE PSYCHOLOGIE AFFECTIVE, erschienen 1910.

8 Stanislawski, DIE ARBEIT DES SCHAUSPIELERS AN SICH SELBST, I, a.a.O., S. 191, Anmerkung 42.

9 Ebd., S. 193.

10 Zur manchmal etwas komplizierten Terminologie siehe Strasberg, Lee, SCHAUSPIELEN UND DAS TRAINING DES SCHAUSPIELERS, a.a.O., S. 191 f. (Anmerkungen des Herausgebers W. Wermelskirch).

11 Ebd., S. 99.

12 Ebd., S. 99.

13 Ebd., S. 35.

14 Ebd., S. 36.

15 Ebd., S. 46.

16 Ebd., S. 193, Anm. 45.

17 Ebd., S. 47.

18 Ebd.

19 Ebd.

20 Ebd., S. 47 f.

21 Ebd., S. 48.

22 Ebd., S. 112.

23 Ebd., S. 33.
24 Ebd., S. 49.
25 Ebd., S. 76.
26 Ebd., S. 114.
27 Ebd., S. 78.
28 Vgl. Strasberg, Lee, Ein Traum der Leidenschaft, München 1988, S. 150 f.
29 Siehe Anmerkung 1.
30 Strasberg, Lee, Schauspielen und das Training des Schauspielers, a.a.O., S. 100.
31 Vgl. ebd., S. 131.
32 Ebd.
33 Ebd., S. 99.
34 Ebd.
35 Ebd., S. 8.
36 Vgl. ebd., S. 8 ff. und S. 122 ff.
37 Ebd., S. 13.
38 Ebd., S. 16.
39 Ebd., S. 132.
40 Ebd., S. 134.
41 Strasberg, Lee, Ein Traum der Leidenschaft, a.a.O., S. 225.
42 Strasberg, Lee, Schauspielen und das Training des Schauspielers, a.a.O., S. 144.
43 Strasberg, Lee, Ein Traum der Leidenschaft, a.a.O., S. 206.

## MENSCHENBILD, 19. JAHRHUNDERT

1 Strasberg, Lee, Schauspielen und das Training des Schauspielers, a.a.O., S. 94.
2 Ebd.
3 Ebd., S. 111.
4 Ebd.
5 Ebd.
6 Ebd., S. 95.
7 Ebd., S. 73.
8 Piscator, Erwin, Schriften, Das Politische Theater, Bd. 1, Berlin 1968, S. 54.
9 Strasberg, Lee, Schauspielen und das Training des Schauspielers, a.a.O., S. 65.
10 Ebd., S. 17.
11 Ebd., S. 107, mit Bezug auf W. Gilette.
12 Vgl. Richard Blank, Sprache und Dramaturgie, München 1969. Mit N. Machiavellis Mandragola (1518) beginnt das neuzeitliche Drama, des-

sen »klassische« Zeitvorstellung mit ihren Spannungsbögen bis zum Beginn des 20. Jahrhunderts verbindlich bleibt. Was vorher war (das mittelalterliche Mysterienspiel) und was danach kommt (das moderne Theater mit dem Expressionismus als Auftakt), hat nichts mit den Zeitvorstellungen des Dramas (Handlungsführung, Spannungsbögen) zu tun. Dementsprechend fallen auch die Personen als Träger der Handlung unter ganz verschiedene Kategorien.

13 Strasberg, Lee, SCHAUSPIELEN UND DAS TRAINING DES SCHAUSPIELERS, a.a.O., S. 74.

14 Ebd., S. 75.

15 Ebd., S. 145.

16 Miller, Arthur, ZEITKURVEN. Ein Leben, München 1989, S. 509.

17 Ebd., S. 475.

18 Ebd., S. 589.

19 Ebd., S. 589.

20 Ebd., S. 475.

21 Ebd., S. 632.

## BERTOLT BRECHT

1 Strasberg, Lee, EIN TRAUM DER LEIDENSCHAFT, a.a.O., S. 222 f.

2 Ebd., S. 221.

3 Brecht, Bertolt, »ÜBER DEN BERUF DES SCHAUSPIELERS«, in: Schriften zum Theater 4, Frankfurt am Main 1963, S. 8.

4 Brecht, Bertolt, »NEUE TECHNIK DER SCHAUSPIELKUNST«, in: Schriften zum Theater 3, Frankfurt am Main 1963, S. 216.

5 Brecht, Bertolt, »ÜBER DEN BERUF DES SCHAUSPIELERS«, in: Schriften zum Theater 4, a.a.O., S. 10.

6 Brecht, Bertolt, »NEUE TECHNIK DER SCHAUSPIELKUNST II«, in: Schriften zum Theater 6, Frankfurt am Main 1964, S. 197.

7 Strasberg, Lee, EIN TRAUM DER LEIDENSCHAFT, a.a.O., S. 219.

8 Brecht, Bertolt, ARBEITSJOURNAL, Aufbau Verlag Berlin, o. J., S. 369.

9 Ebd., S. 368 f.

10 Brecht, Bertolt, »ÜBER DEN BERUF DES SCHAUSPIELERS«, Frankfurt am Main 1970, S. 71.

11 Brecht, Bertolt, »DER MESSINGKAUF«, in: Schriften zum Theater 5, Frankfurt am Main 1963, S. 37.

12 Brecht, Bertolt, »NEUE TECHNIK DER SCHAUSPIELKUNST«, a.a.O., S. 214.

13 Brecht, Bertolt, »ÜBER DEN BERUF DES SCHAUSPIELERS«, a.a.O., S. 47.

14 Brecht, Bertolt, »KLEINES ORGANON FÜR DAS THEATER« in: Schriften zum Theater 7, Frankfurt am Main 1963, S. 24.

15 Brecht, Bertolt, »NEUE TECHNIK DER SCHAUSPIELKUNST«, a.a.O., S. 208.

16 Brecht, Bertolt, »Über den Beruf des Schauspielers«, a.a.O., S. 74.
17 Ebd., S. 73.
18 Brecht, Bertolt, »Kleines Organon für das Theater«, a.a.O., S. 18.
19 Ebd., S. 18 f.
20 Ebd., S. 8.
21 Ebd. S. 20.
22 Ebd. S. 59.
23 Ebd. S. 34 f.
24 Ebd. S. 59.
25 Brecht, Bertolt, »Über eine nichtaristotelische Dramatik«, in: Schriften zum Theater 3, Frankfurt am Main, 1963, S. 25.
26 Strasberg, Lee, Ein Traum der Leidenschaft, a.a.O., S. 216.
27 Brecht, Bertolt, »Über den Beruf des Schauspielers«, a.a.O., S. 69.
28 Brecht, Bertolt, »Neue Technik der Schauspielkunst«, a.a.O., S. 208.
29 Brecht, Bertolt, »Über eine nichtaristotelische Dramatik«, a.a.O., S. 28. Im Kapitel über Stanislawski wird die revolutionäre Leistung von Stanislawskis »Erinnerungs-Übungen« gegenüber dem Theater des 19. Jahrhunderts deutlich.
30 Brecht, Bertolt, »Kleines Organon für das Theater«, a.a.O., S. 7.
31 Brecht, Bertolt, »Der Messingkauf«, a.a.O., S. 33.
32 Brecht, Bertolt, »Das kleine Organon und Stanislawskis System«, in: Über den Beruf des Schauspielers, a.a.O., S. 105.
33 Brecht, Bertolt, »Kleines Organon für das Theater«, a.a.O., S. 35.
34 Ebd.
35 Brecht, Bertolt, »Über den Beruf des Schauspielers«, a.a.O., S. 90.
36 Ebd., S. 26.
37 Vgl. ebd., S. 39.
38 Die verschiedenen Arbeitsschritte sind aus unterschiedlichen Schriften Brechts zusammengefügt.
39 Brecht, Bertolt, »Über den Beruf des Schauspielers«, a.a.O., S. 13.
40 Ebd. S. 19.
41 Brecht, Bertolt, »Kleines Organon für das Theater«, a.a.O., S. 41.
42 Brecht, Bertolt, »Über den Beruf des Schauspielers«, a.a.O., S. 89.
43 Brecht, Bertolt, »Kleines Organon für das Theater«, a.a.O., S. 42.
44 Brecht, Bertolt, »Über den Beruf des Schauspielers«, a.a.O., S. 14.
45 Ebd., S. 19.
46 Ebd., S. 17.
47 Ebd., S. 39.
48 Brecht, Bertolt, »Kleines Organon für das Theater«, a.a.O., S. 62.
49 Ebd., S. 62.
50 Brecht, Bertolt, »Über den Beruf des Schauspielers«, a.a.O., S. 30.
51 Ebd., S. 15.

52 Ebd., S. 30.
53 Ebd.
54 Ebd., S. 62.
55 Brecht, Bertolt, »Kleines Organon für das Theater«, a.a.O., S. 62.
56 Brecht, Bertolt, »Über den Beruf des Schauspielers«, a.a.O., S. 14.
57 Brecht, Bertolt, »Kleines Organon für das Theater«, a.a.O., S. 34.
58 Ebd., S. 64.
59 Brecht, Bertolt, »Über den Beruf des Schauspielers«, a.a.O., S. 86.
60 Brecht, Bertolt, »Kleines Organon für das Theater«, a.a.O., S. 40.
61 Brecht, Bertolt, »Über den Beruf des Schauspielers«, a.a.O., S. 92.
62 Ebd., S. 11.
63 Brecht, Bertolt, »Stanislawski-Studien«, in: Schriften zum Theater 7, Frankfurt am Main 1963, S. 194.
64 Brecht, Bertolt, »Über den Beruf des Schauspielers«, a.a.O., S. 87.
65 Ebd., S. 31.
66 Brecht, Bertolt, »Kleines Organon für das Theater«, a.a.O., S. 43.
67 Brecht, Bertolt, »Über den Beruf des Schauspielers«, a.a.O., S. 81.
68 Brecht, Bertolt, »Kleines Organon für das Theater«, a.a.O., S. 43.
69 Brecht, Bertolt, Über den Beruf des Schauspielers, a.a.O., S. 30.
70 Ebd., S. 61.
71 Brecht, Bertolt, »Stanislawski-Studien«, a.a.O., S. 194.
72 Brecht, Bertolt, »Über den Beruf des Schauspielers«, a.a.O., S. 61.
73 Brecht, Bertolt, »Kleines Organon für das Theater«, a.a.O., S. 39.
74 Ebd.
75 Brecht, Bertolt, »Über den Beruf des Schauspielers«, a.a.O., S.103.
76 Brecht, Bertolt, »Neue Technik der Schauspielkunst«, S. 217.
77 Brecht, Bertolt, »Stanislawski-Studien«, a.a.O., S. 203.
78 Ebd., S. 202.
79 Ebd.
80 Brecht, Bertolt, »Kleines Organon für das Theater«, a.a.O., S. 32.
81 Brecht, Bertolt, »Anmerkungen zu den Stücken«, in: Schriften zum Theater 2, Frankfurt am Main, 1963, S. 117.
82 Brecht, Bertolt, »Über den Beruf des Schauspielers«, a.a.O., S. 62.
83 Ebd., S. 129.
84 Ebd., S. 25.
85 Ebd., S. 60.
86 Ebd., S. 64.
87 Ebd., S. 109.
88 Brecht, Bertolt, »Kleines Organon für das Theater«, a.a.O., S. 35.
89 Brecht, Bertolt, »Über den Beruf des Schauspielers«, a.a.O., S. 66.
90 Ebd., S. 17.
91 Ebd., S. 118.

92 Ebd.
93 Ebd., S. 115.
94 Brecht, Bertolt, »Kleines Organon für das Theater«, a.a.O., S.65.
95 Brecht, Bertolt, »Über den Beruf des Schauspielers«, a.a.O., S. 44.
96 Ebd., S. 44.
97 Ebd., S. 10.
98 Brecht, Bertolt, »Über den Beruf des Schauspielers«, a.a.O., S. 65.
99 Ebd., S. 25.
100 Brecht, Bertolt, »Kleines Organon für das Theater«, a.a.O., S. 37.
101 Ebd., S. 31.
102 Ebd., S. 28.
103 Brecht, Bertolt, »Neue Technik der Schauspielkunst«, a.a.O., S. 209.
104 Ebd.
105 Brecht, Bertolt, »Über das alte Theater«, in: Schriften zum Theater 1, Frankfurt am Main 1963, S. 158.
106 Brecht, Bertolt, »Stanislawski-Studien«, a.a.O., S. 190 f.
107 Brecht, Bertolt, »Über den Beruf des Schauspielers«, a.a.O., S. 29.
108 Ebd., S. 17.
109 Ebd., S. 20.
110 Brecht, Bertolt, »Kleines Organon für das Theater«, a.a.O., S. 9.
111 Ebd., S. 12.
112 Ebd., S. 14.
113 Brecht, Bertolt, »Kleines Organon für das Theater«, a.a.O., S. 34.
114 Brecht, Bertolt, »Über den Beruf des Schauspielers«, a.a.O., S. 68.
115 Ebd., S. 69.
116 Brecht, Bertolt, »Kleines Organon für das Theater«, a.a.O., S. 56.
117 Brecht, Bertolt, »Über den Beruf des Schauspielers«, a.a.O., S. 109.
118 Brecht, Bertolt, »Der Messingkauf«, a.a.O., S. 45.
119 Ebd.
120 Brecht, Bertolt, »Über eine nichtaristotelische Dramatik«, a.a.O., S. 29.

## K. S. STANISLAWSKI

1 Stanislawski, Die Arbeit des Schauspielers an der Rolle, Berlin 1955, S. 91.
2 Hellmich, H., Vorbemerkung zur dt. Ausgabe von Stanislawski, Die Arbeit des Schauspielers an sich selbst, 2, Berlin 1963 bzw. 1983, S. 5f.
3 Ebd., S. 6.
4 Hoffmeier, Dieter, »Das literarische Spätwerk Stanislawskis«, in: Stanislawski, Die Arbeit des Schauspielers an der Rolle, a.a.O., S. 127.
5 Sibrijakov, Stanislawski und das ausländische Theater, (russ.) Moskau 1967, S. 106.

6 Stanislawski, Die Arbeit des Schauspielers an sich selbst, 1, Berlin 1961, S. 186.
7 Ebd., S. 169.
8 Winds, Adolf, Aus der Werkstätte des Schauspielers, Dresden 1917, S. 34.
9 Stanislawski, Die Arbeit des Schauspielers an sich selbst, 1, a.a.O., S. 173.
10 Ebd., S. 39.
11 Ebd., S. 25.
12 Ebd.
13 Ebd., S. 162.
14 Ebd., S. 25.
15 Ebd., S. 314.
16 Ebd., S. 313.
17 Vgl. Anm. 7 zu Lee Strasberg.
18 Stanislawski, Die Arbeit des Schauspielers an sich selbst, 1, a.a.O., S. 191.
19 Ebd., S. 196.
20 Ebd., S. 191.
21 Ebd., S. 200.
22 Ebd., S. 211.
23 Ebd.
24 Ebd., S. 147.
25 Ebd., S. 148.
26 Zum Beispiel ebd., S. 168.
27 Ebd., S. 78.
28 Ebd., S. 164.
29 Ebd., S. 166.
30 Ebd., S. 167.
31 Ebd., S. 70.
32 Ebd., S. 326.
33 Ebd., S. 191.
34 Ebd., S. 158.
35 Ebd., S. 143.
36 Ebd., S. 160.
37 »Die Menschen, Ausdrücke und Beispiele, die ich brauchte, um meine Gedanken zu veranschaulichen, stammen aus der längst vergangenen Zeit vor dem Kriege, den Jahren 1907–1914.« Ebd., S. 10, Vorwort Stanislawskis. (Vgl. auch die anderen Anmerkungen zu dem schwierigen Problem der Datierung.)
38 Ebd., S. 143.
39 Ebd., S. 161.

40 Ebd., S. 157.
41 Ebd., S. 175.
42 Ebd., S. 216.
43 Ebd., S. 159.
44 Ebd., S. 174.
45 Anmerkung des Hrsg., in: Die Arbeit des Schauspielers an sich selbst, 2, a.a.O., S. 421.
46 Stanislawski, Die Arbeit des Schauspielers an sich selbst, 1, a.a.O., S. 117.
47 Ebd., S. 125.
48 Stanislawski, Die Arbeit des Schauspielers an sich selbst, 2, a.a.O., S. 36.
49 Ebd., S. 147 f.
50 Ebd., S. 48 f.
51 Ebd., S. 287.
52 Ebd., S. 173 f.
53 Ebd., S. 174.
54 Ebd.
55 Ebd., S. 167, vgl. 1, S. 155.
56 Ebd., S. 233.
57 Ebd., S. 167.
58 Ebd., S. 30.
59 Ebd., S. 133.
60 Ebd., S. 330.
61 Ebd., S. 332.
62 Ebd., S. 133.
63 Ebd., S. 21.
64 Ebd., S. 322 f.
65 Ebd., S. 328 ff.
66 Ebd., S. 330.
67 Ebd., S. 110.
68 Ebd., S. 108.
69 Ebd.
70 Ebd.
71 Ebd., S. 161.
72 Ebd., S. 163.
73 Vgl. dazu Ausführungen über »Untertext« und »Überaufgabe«, ebd., S. 67 und S. 106.
74 Ebd., S. 167.
75 Stanislawski, Die Arbeit des Schauspielers an der Rolle, a.a.O., S. 8.
76 Ebd., S. 8. Diesen Zusammenhang stellt G. W. Kristi ins Zentrum seiner Einleitung zu Stanislawski, Die Arbeit des Schauspielers an der Rolle, a.a.O.
77 Ebd., S. 26.

78 Ebd., S. 26.
79 Ebd., S. 76.
80 Ebd., S. 28.
81 siehe Ebd., S. 31.
82 in Ebd., S. 146 ff.
83 Ebd., S. 169.
84 Ebd., S. 79.
85 Ebd., S. 83.
86 Ebd., S. 39.
87 Ebd., S. 76.
88 Ebd., S. 76.
89 Ebd., S. 38.
90 Ebd., S. 37.
Auf Seite 8, ebd., macht der Herausgeber darauf aufmerksam, daß das russische Wort sowohl mit »geistig« als auch mit »seelisch« übersetzt werden kann. Für Stanislawski gibt es also in seiner russischen Sprache keine Trennung zwischen »Geist« und »Seele«. Aus diesem Grund benutze ich meist den übergreifenden Begriff des »Inneren«.
91 Ebd., S. 37.
92 Ebd., S. 38.
93 Ebd., S. 39.
94 Ebd., S. 8.
95 Ebd., S. 39.
96 Ebd., S. 78.
97 Ebd., S. 17.
98 Stanislawski, Die Arbeit des Schauspielers an sich selbst, 2, a.a.O., S. 6.
99 Stanislawski, Die Arbeit des Schauspielers an sich selbst, 1, a.a.O., S. 170.
100 Stanislawski, Die Arbeit des Schauspielers an der Rolle, a.a.O., S. 39.
101 Stanislawski, Mein Leben in der Kunst, a.a.O., S. 583.
102 Stanislawski, Die Arbeit des Schauspielers an der Rolle, a.a.O., S. 94.
103 Ebd., S. 19.
104 Stanislawski, Die Arbeit des Schauspielers an sich selbst, 1, a.a.O., S. 111.
105 Ebd., S. 170 f.
106 Ebd., S. 149 f.
107 Ebd., S. 216.
108 Ebd., S. 202.
109 Stanislawski, Die Arbeit des Schauspielers an sich selbst, 2, a.a.O., S. 207.
110 Stanislawski, Die Arbeit des Schauspielers an sich selbst, 1, a.a.O., S. 201.

111 Ebd., S. 315.
112 Ebd., S. 67.
113 Vgl. Pörtner, P., EXPERIMENT THEATER, Zürich 1960, S. 31 ff.

## MENSCHENBILD, FILMBILD

1 Strasberg, Lee, SCHAUSPIELEN UND DAS TRAINING DES SCHAUSPIELERS, Berlin 1988, S. 114.
2 Stanislawski, AUSGEWÄHLTE SCHRIFTEN 2, Berlin 1988, S. 95.
3 Pudowkin, W., »DIE ARBEIT DES SCHAUSPIELERS IM FILM UND DIE METHODE STANISLAWSKIS«. Raisman, J., »DER REGISSEUR UND DER SCHAUSPIELER«, beides in: Fragen der Meisterschaft der sowjetischen Filmkunst, Berlin 1953.
4 Stanislawski, MEIN LEBEN IN DER KUNST, a.a.O.
5 Siehe Bresson, Robert, NOTEN ZUM KINOMATOGRAPHEN, München 1980.
6 Nach Tarkowskij, Andrej, DIE VERSIEGELTE ZEIT, Frankfurt am Main, Berlin 1989, S. 153.
7 Ebd., S. 148.
8 Ebd., S.152.
9 Ebd., S. 148.
10 Ebd., S. 158.
11 Brecht, Bertolt, ÜBER DEN BERUF DES SCHAUSPIELERS, a.a.O., S. 20.
12 Gersch, Wolfgang, FILM BEI BRECHT, Berlin 1975, S. 277.
13 Brecht, Bertolt, ARBEITSJOURNAL, a.a.O., S. 418.
14 Gersch, Wolfgang, FILM BEI BRECHT, a.a.O., S. 278.
15 Vgl. Blank, Richard, JENSEITS DER BRÜCKE. Bernhard Wicki, EIN LEBEN FÜR DEN FILM, München 1999.
16 In der Arbeit mit Schauspielern sind mir außer den drei Hauptschulen, also Strasberg, Brecht, Stanislawski, noch zwei Methoden begegnet, die teilweise für sich stehen. Aus beiden führe ich zwei Details an, die sich auf körperliche Ausdrucksmöglichkeiten beziehen. Das eine ist aus der Schule Grotowskis, das andere aus dem Werk M. Tschechows.

Der 1991 verstorbene ungarische Schauspieler Miklos Kalocsay erzählte mir bei einem Casting von einer Budapester Theatergruppe, die nach Grotowski arbeitet. Was er sagte, erschien mir mysteriös und talmihaft. Ich bat ihn schließlich, mir eine Übung zu zeigen. Er erhob sich, ging ein paar Schritte beiseite und wandte mir den Rücken zu. Ich dachte, er sei beleidigt und fragte ihn danach. »Nein«, sagte er, »aber ich werde, mit dem Rücken zu ihnen, zeigen, wie einer beleidigt ist.« Er nahm eine leicht gekrümmte Haltung ein, senkte den Kopf etwas und wandte ihn eine Idee zurück. In der Folge zeigte er mir, wie einer geizig, wütend, überrascht, erfreut ist …

alles mit dem Rücken zu mir und jeweils mit geringen Veränderungen der Haltung von Körper und Kopf. »So etwas machen wir, zum Beispiel«, sagte er. Ich war fasziniert. Es erinnerte mich an eine Probe mit dem deutschen Schauspieler Christoph Baumann, der in Südamerika lebt. Baumann ist dünn und groß. Er spielte die Rolle eines servilen Büroangestellten in dem Fernsehfilm DIE HEIRATSSCHWINDLERIN als Partner von Adelheid Arndt und Ortrud Beginnen. Er schlug mir vor, die Rolle mit einer extremen Körperbewegung anzugehen, einer Technik, die er aus den Schriften von Michael Tschechow gelernt habe. Er buckelte sich ein und steckte seinen Kopf vor, mit einem devoten Blick von unten nach oben. Ich mußte lachen, mir schien das völlig unsinnig, übertrieben. Baumann klärte mich auf: Tschechow schlägt vor, für den grundlegenden Charakterzug einer darzustellenden Person eine extreme, übertriebene Haltung einzunehmen. Die Gefühle, die mit dem Charakter verbunden sind, bestimmen, formen diese Haltung und stellen sich zugleich mit ihr ein. Die Schwierigkeit besteht nun darin, diese extreme Haltung in möglichst vielen Stufen wieder abzubauen. Baumann machte mir das vor und erschien am Ende wieder in seiner normalen alltäglichen Haltung – aber nein: Es war ein Rest der vorher eingenommenen Haltung übrig geblieben, ohne daß ich hätte definieren können, woran das lag. Und ein Zuschauer, der nichts von der Übung mitbekommen hatte, würde die Verwandlung erst recht nicht bemerken. Ein kaum sichtbarer Rest von devotem Büroangestellten war ihm geblieben. Baumann hatte das vorher geübt und konnte diesen »Rest« jederzeit abrufen und sich damit in die Lage der darzustellenden Person versetzen.

17 Stanislawski, Die Arbeit des Schauspielers an sich selbst, 2, a.a.O., S. 207.

18 Stanislawski, Die Arbeit des Schauspielers an sich selbst, 1, a.a.O., S. 201.

## DER AUTOR

| | |
|---|---|
| 1939 | geboren in Langenfeld/Rheinland |
| 1959–1968 | Studium der Philosophie in Köln, Wien, München; Promotion bei Ernesto Grassi |
| seit 1964 | Zahlreiche Fernsehdokumentationen und Hörspiele |
| ab 1969 | **Buchveröffentlichungen**, u. a. SCHAH REZA, DER LETZTE DEUTSCHE KAISER, Rogner & Bernhard, München 1977; JENSEITS DER BRÜCKE – BERNHARD WICKI, EIN LEBEN FÜR DEN FILM, Econ, München 1999; DIE OPTIMISTEN, Alexander, Berlin 2003; FILM & LICHT. DIE GESCHICHTE DES FILMLICHTS IST DIE GESCHICHTE DES FILMS. Alexander Verlag, Berlin, 2009; DREHBUCH – ALLES AUF ANFANG. ABSCHIED VON DER KLASSISCHEN DRAMATURGIE. Alexander Verlag, Berlin, 2011 |
| ab 1978 | **Fernsehspielfilme** (Buch und Regie): u.a. SICARON, 1981; DAS HAUSSCHAF, 1982; AIDA WENDELSTEIN, 1984; FRIDOLIN, 1985; DOPPELSTECKER, 1986; ICH BIN ELSA, 1989; KLEINE LIEBE, GROSSE LIEBE, 1989; DIE HEIRATSSCHWINDLERIN, 1990; DIE QUEEN VON PLATTE 8, 1992 |
| | **Kinofilme** (Buch und Regie) FRIEDLICHE TAGE, 1983; PRINZENBAD, 1993; CASANOVA. DAS GEHEIMNIS SEINES ERFOLGES, 2004; MATTHÄUSPASSION, 2006 |

www.richardblank.de

## THEATERFILMLITERATUR

Lee Strasberg
*Schauspielen & das Training des Schauspielers*
Herausgegeben von Wolfgang Wermelskirch

Michael Caine
*Weniger ist mehr*
Kleines Handbuch für Filmschauspieler

Michael Shurtleff
*Erfolgreich Vorsprechen*

Keith Johnstone
*Improvisation und Theater*
*Theaterspiele – Spontaneität, Improvisation und Theatersport*

Peter Brook
*Der leere Raum*
*Wanderjahre – Schriften zu Theater, Film & Oper 1947–87*
*Vergessen Sie Shakespeare*
*Zwischen zwei Schweigen*
*Das offene Geheimnis – Gedanken über Schauspielerei und Theater*

Yoshi Oida
*Zwischen den Welten*
*Der unsichtbare Schauspieler*
*Die Tricks eines Schauspielers*

Jacques Lecoq
*Der poetische Körper*

Jens Roselt
*Seelen mit Methode*
Schauspieltheorien vom Barock- bis zum postdramatischen Theater